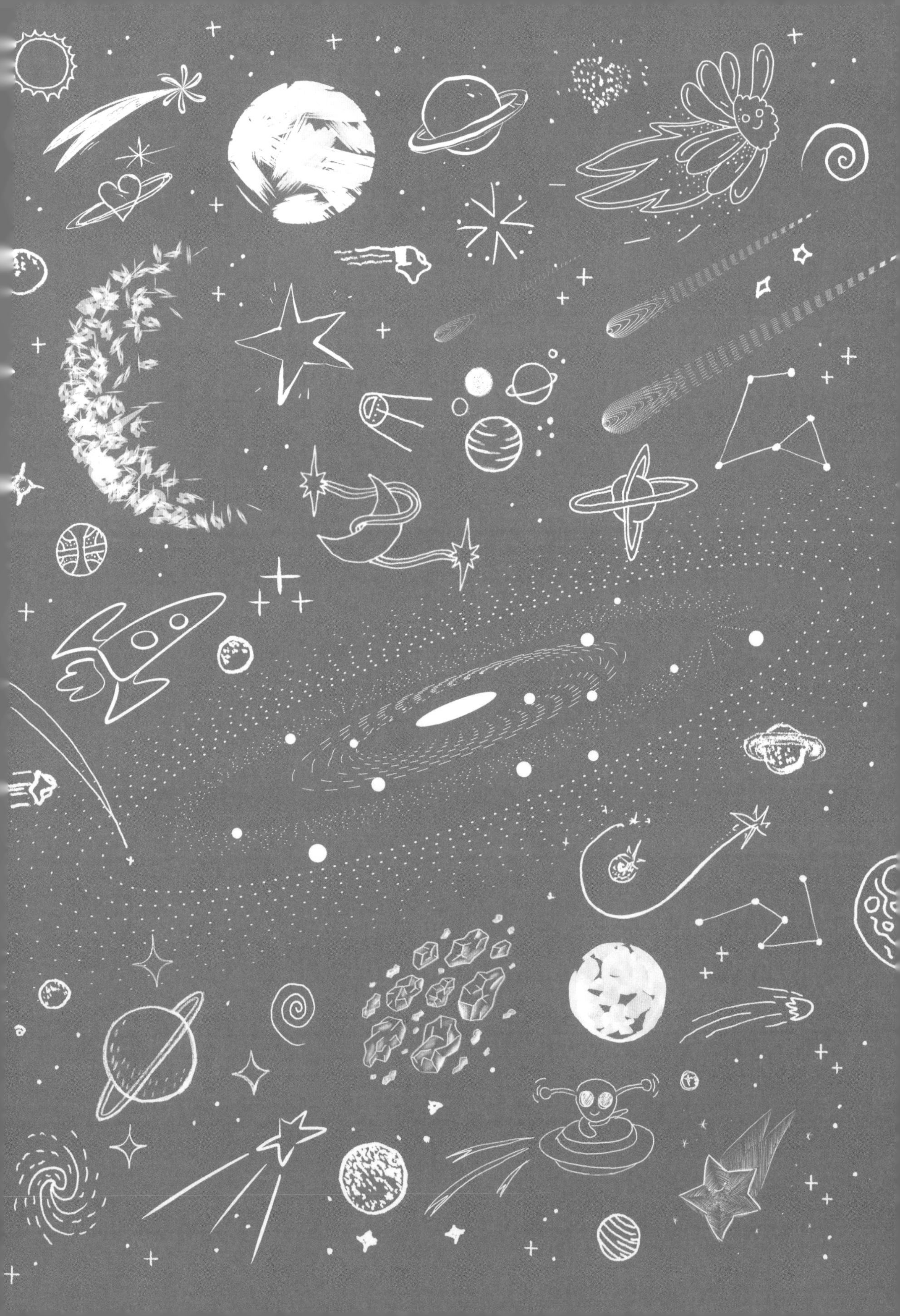

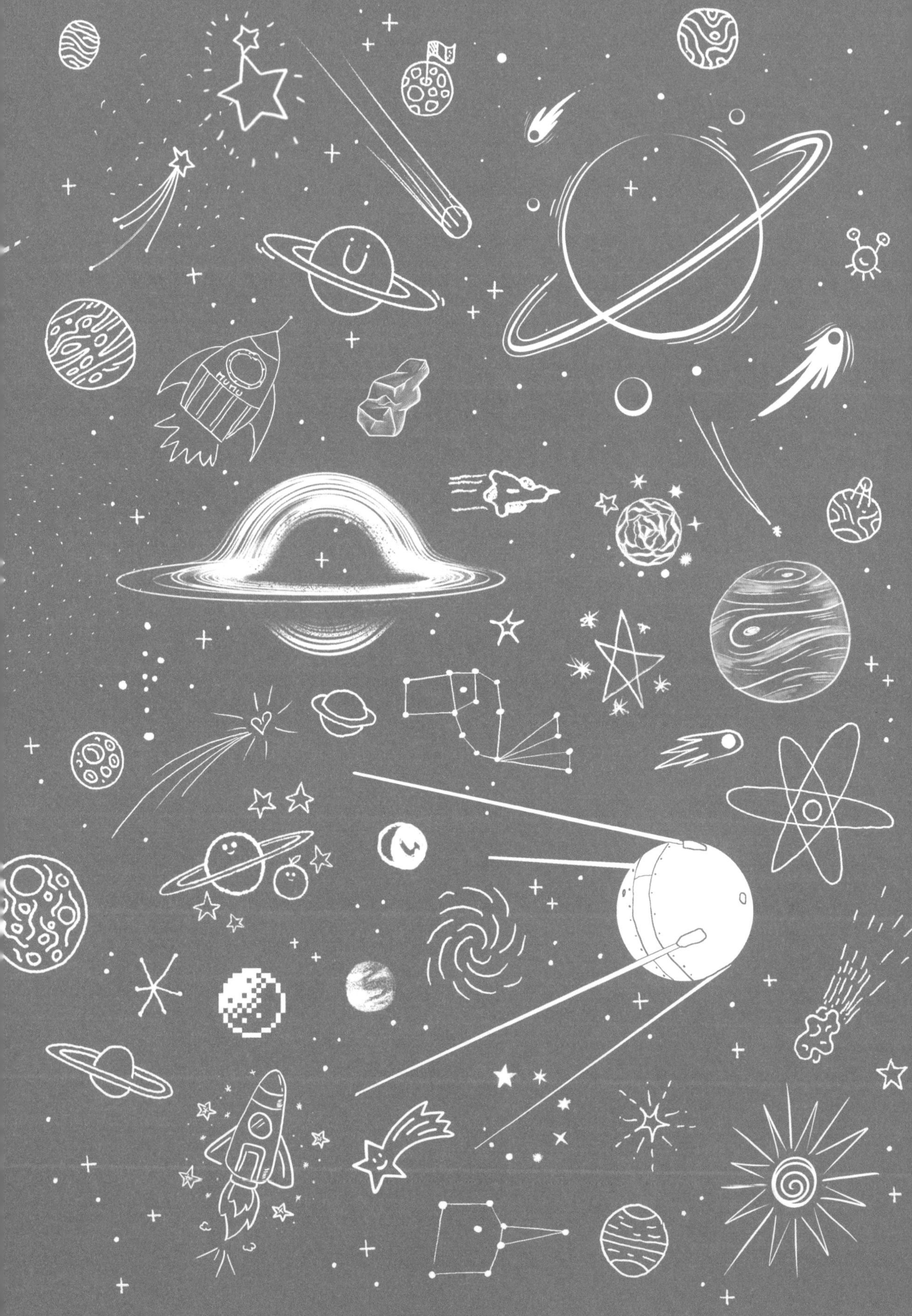

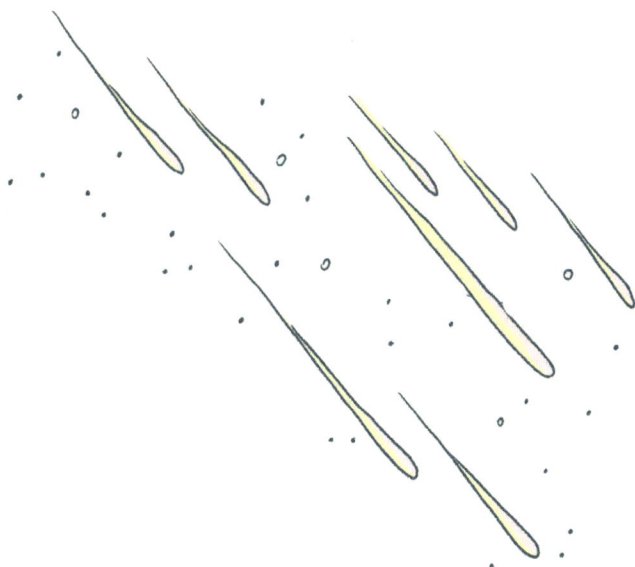

# 一颗彗星
## 撞击了我的生命

*Comme une comète*

江苏凤凰文艺出版社
JIANGSU PHOENIX LITERATURE AND
ART PUBLISHING

[法]奥蕾莉·柯洛普 著

曹杨 译

女性，真的是沉默的战士。

——奥蕾莉

当一个充满母性的母亲与孩子对视时，他们的目光中蕴含着一种宇宙能量。
正是通过这种深刻的互动，通过这种目光，孩子得以茁壮成长。

——维拉·科尔黛洛
医生、巴西儿童健康协会创始人
Netflix 纪录片《生命的起点》*The Beginning of Life*（第二集《成为父母》*Becoming a Parent*）

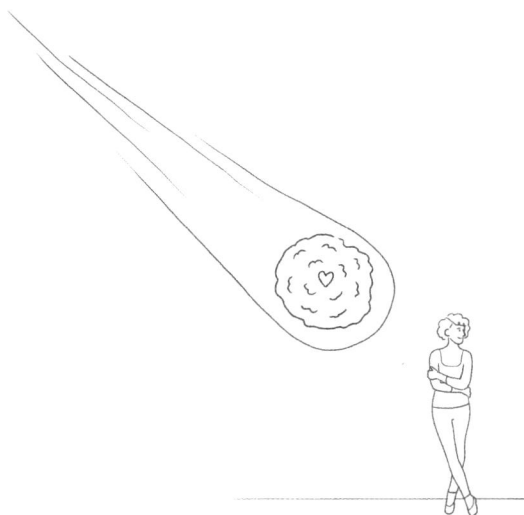

初为人母时，你突然承受的一切堪称一种宇宙能量，
它将在你一头雾水时颠覆你的生活。我，并没有做好准备……

——我

2

"个人的即政治的"是从19世纪60年代起，妇女解放运动所使用的一句口号。

60年后，生育仍是一个过于个人的话题……

在一档广播节目中，女性作家热纳维夫·布里扎克（Geneviève Brisac）曾谈到男性对女性日常故事的无趣预设，他们认为这些故事都是单调乏味的琐事。

当一个男人拿起弗吉尼亚·伍尔芙（Virginia Woolf）的书，在封底上读到"达洛维夫人要去买花"时，他可能会无聊到想要打个盹儿。

这种无趣预设，我也曾经有过。关于宝宝、育儿以及"好女人"的一切，我都很厌烦。

虽然我对童书充满热情，喜欢给孩子们写故事，但我觉得孩子本身很无趣。

尤其是，我嫉妒他们，嫉妒他们自由的想象力和创造力，嫉妒他们拥有那么多时间去欣赏和体验世间的奇妙。

3

怀着这份嫉妒心，我留给自己很多时间用于创作，即便我有工作也有家庭。

我曾经对塞缪尔说过，我一点儿都不急于要孩子，如果他什么时候准备好了，得告诉我一声。

因为，就我而言，我手头一直有东西要创作，这使得我离要孩子的计划非常遥远。那并不是我优先考虑的事。

到了他跟我谈这件事的时候，我们才决定要个孩子。

毕竟，我身体健康，有份好工作，正在创作一本书，还有套很棒的公寓，我们计划要个孩子，一切看起来都很顺利。

那时的我，眼前一片光明……

我宣布了怀孕的消息，但没有哪个女性告诉过我接下来会真正发生什么。

她们的表述模糊却积极，有时在我看来甚至有些愚蠢幼稚。我没什么可担心的。

我一点儿都不担心，以至于在怀孕期间没有上哺乳课……根据我得到的反馈，一切都看似那么简单、那么自然。结果大错特错。

就在我创作和出版这本书时，女性们已经开始自由谈论怀孕特别是产后等话题了。

要了解这些话题，我们可以阅读书籍、听播客、看视频，以及关注社交媒体的主题账号。（相关资源在书末列出）

我甚至在儿子出生五年后，通过这些渠道了解到了孕乳期的相关信息。这个时期类似于青春期，从开始孕育孩子起，母体会发生一系列变化，大脑也会有所改变。

当我经历接下来要讲述的一切时，情况却并非如此。

我很高兴看到女性们能够打破枷锁、自由表达。我非常享受创作这本书的过程，希望你们也会喜欢它。

对这些话题仍持有无趣预设态度的人们，稍微努力一下吧！我们的社会将因此而变得更好。

祝大家阅读愉快！

# 目录

# 01
## 自由的终结

· · · · · · · · · · · · · · · · · · · · · · · · · · · · · · · · · ·

La fin d'une ère

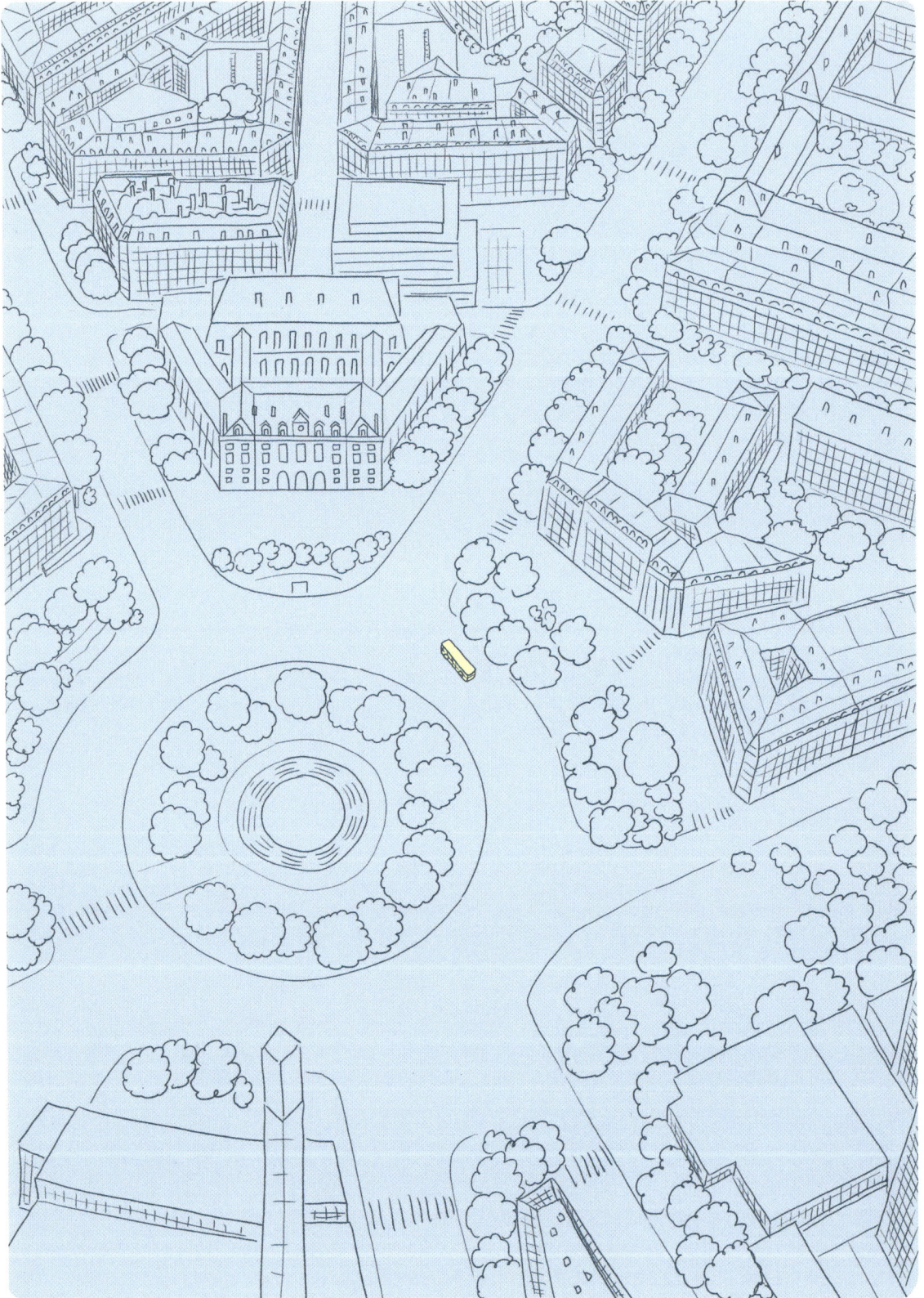

哦，行行好吧，别推着童车上来！

她要在房前种什么？

她想种大波斯菊。

那花很漂亮。

可那终究是野花。

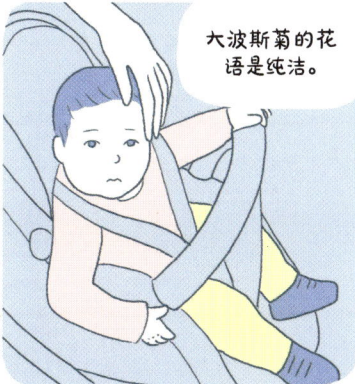

大波斯菊的花语是纯洁。

现在没什么人还知道花语喽。

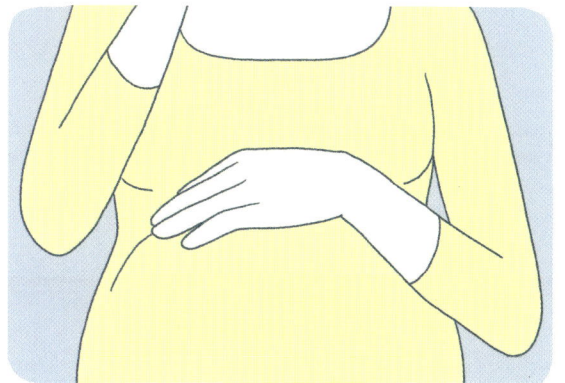

几个星期以来，我每天都
觉得不舒服。

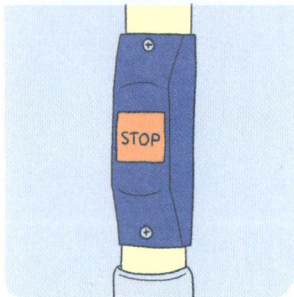

我感觉他快来了，为了不让大家担心，
我提前做了准备。

我独自应对着。

我的腿越来越无力，眼前还会
出现白色的斑点。

我找了个地方坐下来，否则就
要摔倒了。

我眼前一片模糊，浑身一点力气都没有。有那么几秒钟，我听不到任何声音，
身上直冒冷汗……

我保持冷静，等待一
切慢慢恢复正常。

我什么都不会说，因为上一次，妈妈扶着我下了公
交车后，坐在这里的一位老奶奶离开了。

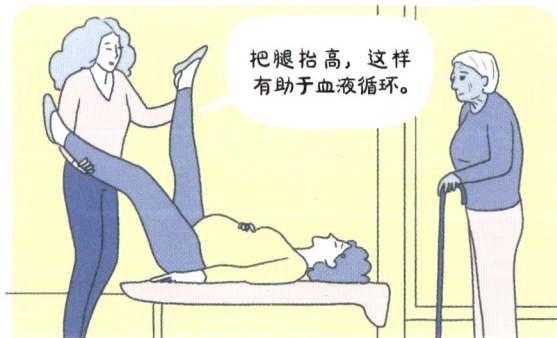

请让让！

把腿抬高，这样
有助于血液循环。

不适感很快就消失了，但羞耻感却久久挥之不去……

4

不过，我是不是还没吃Twix巧克力棒呢？

好吧，我之所以不舒服，自己也有责任……几个星期以来，我每天都吃一根Twix。

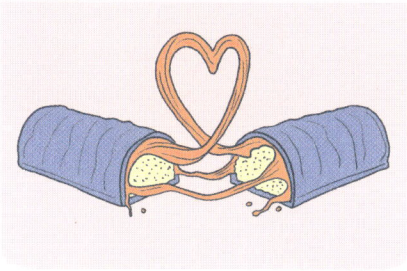

有些女人管肚子里的胎儿叫"宝贝"，喜欢吃草莓。我不一样。我给它起名叫"Quato"*，吃的是Twix……

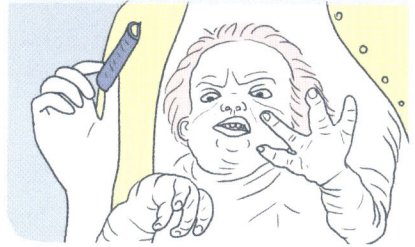

我囤了一大堆，随手就能抓来吃。

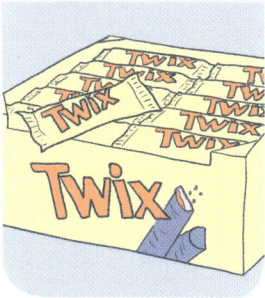

这让我血糖飙升，然后就很不舒服。有时是一个小时后，有时是当天更晚些。

我吃着Twix，追着剧，写书的计划却停滞不前。

我之前明明制定了详细计划，要在分娩前完成一切。

对那些拿宝宝当借口中断重要项目的女人们，我曾经嗤之以鼻。

可是每天，我都在拖延完成待办清单上的事项，带着满满的愧疚感……按下下一集的播放键。

我就是个废人。

* Quato：电影《全面回忆》（1990年）中的一个变种人，抵抗运动的领袖。

5

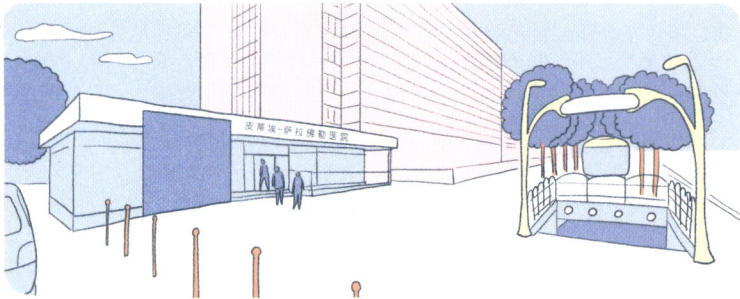

在第三次超声检查时，医生认为我出现了羊水渗漏。

他们错了：我只是肚子里羊水比较少而已。

我的宝宝是臀位，他在"游泳池"里没有足够的空间转身。

从那天起，我每三天就要去趟医院检查，看有没有足够的羊水供他呼吸，看是不是一切都好。

首先是心脏和宫缩监控。

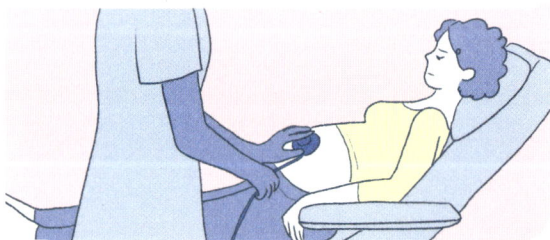

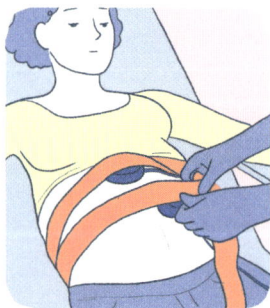

开始喽，一共三十分钟！

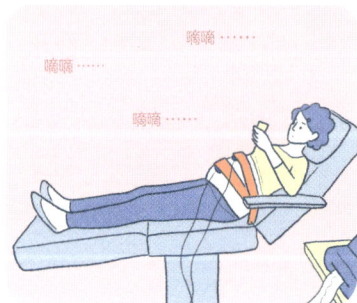

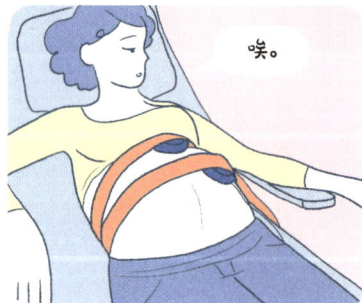

嘀嘀……
嘀嘀……
嘀嘀……

唉。

您可以回候诊室了，
准备做超声。

接下来，是超声检查。

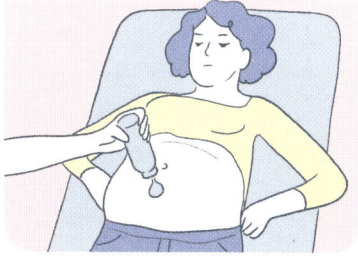

要涂上这种讨人厌的、黏糊糊的胶状物。

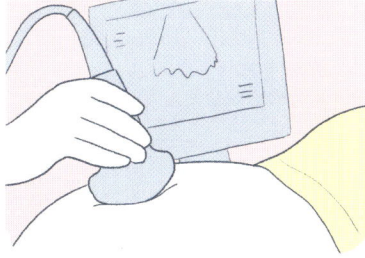

哎呀，宝宝的活动空间很小啊！

每看到一个小水袋，医生都要测量它的容积。

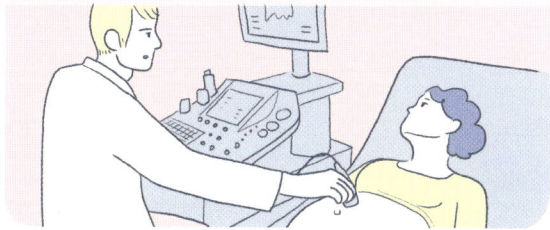

然后再加到一起，由此来判断情况是否稳定。

每每这时，我脑子里都有这么一幅画面：我的宝宝正拿着一根小吸管，插进泡泡里呼吸。

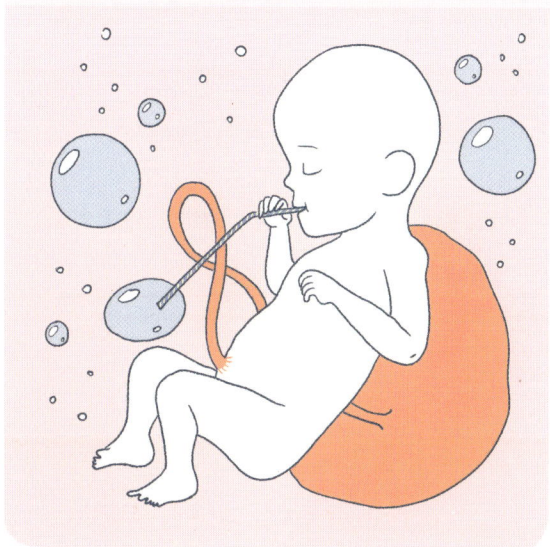

羊水量没有增加。
宝宝仍然是臀位。

您擦擦吧，擦完后回候诊室。

好恶心。

最后一步，内检。

您好。请躺下。

自从怀孕以来，我从没像现在这样毫不在意自己的隐私。

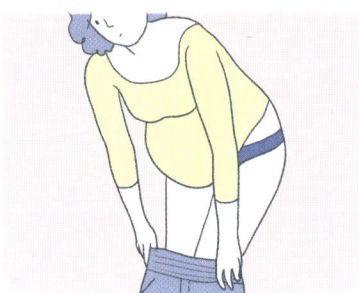

光着屁股，保持自然放松，重复15次之后，也就没什么难的了……

离预产期只有15天了，但您的宝宝仍然是臀位。

不会再有变化了，他没有足够的活动空间。

羊水太少了。

所以他应该不会再长大多少了。

他现在出来或者两周后再出来，没什么区别。

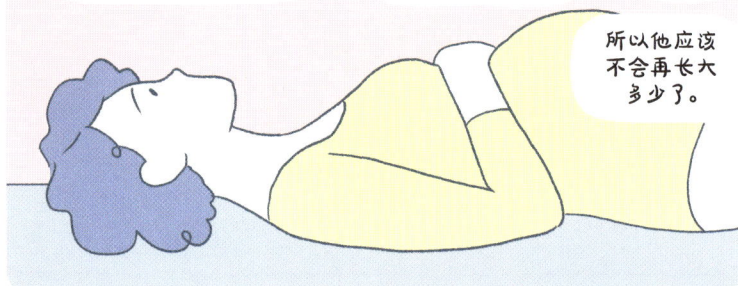

有人跟您说过剖宫产吧？

嗯，说过。

臀位的状态已经保持很久了。

如果分娩进程顺利，有可能采取阴道分娩。

但因为您这是头一胎，有百分之五十的概率是剖宫产。

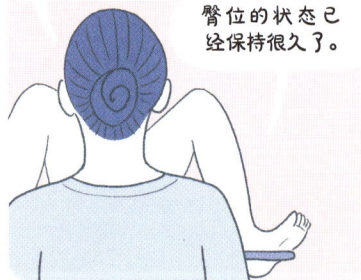

您听说过剥膜吗？

没有。

是一种催产方式。

医生用手指把宫颈位置的羊膜剥开。

疼痛感因人而异，但操作很快。

这有助于引发宫缩。

马上就会有反应吗？

8

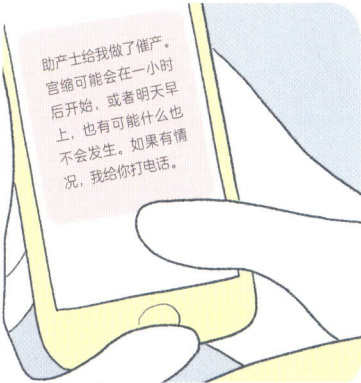

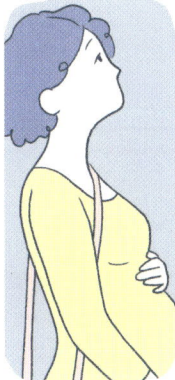

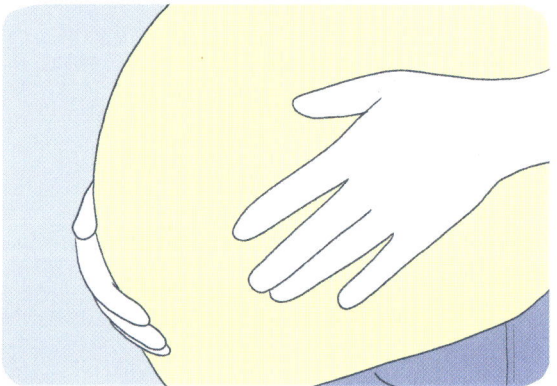

每次产检后，妈妈都会给我打电话。
一切都顺利吧？
羊水什么的，都还好吧？
跟之前一样，但他们这次给我做了催产……
剥膜催产，因为他不会再长了。
她跟我说可能会疼，但我几乎没有感觉。
我不知道这样有没有用。
我给雷蒙都安排好了，他什么都有，吃的、用的……
我可以在你家待上一整周，完全没有问题。
我好想马上见到这个小宝宝！
还有我！
发动了就告诉我，好吗？
好的。
亲亲。
好啦，拜拜。
我之前应该写书的。说不定从明天起，我就要被困住一段时间了……
我真该趁着前些天没事儿，往前推进一下。
现在，已经太迟了。

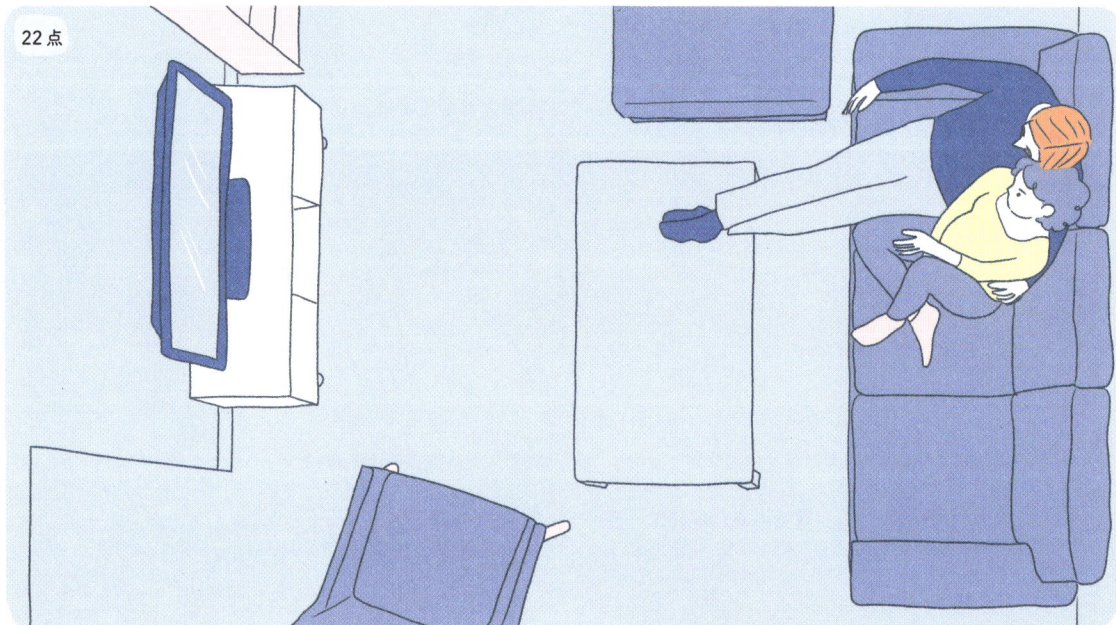

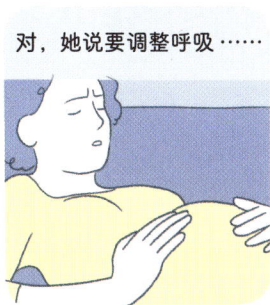

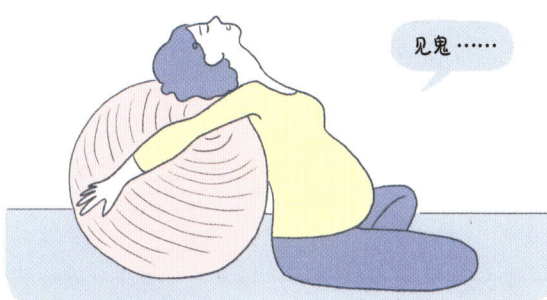

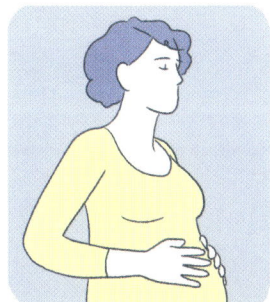

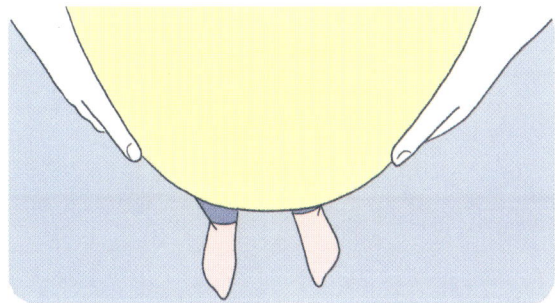

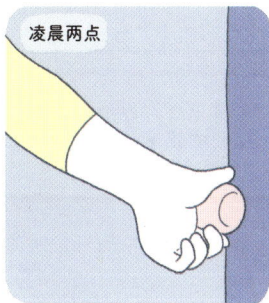

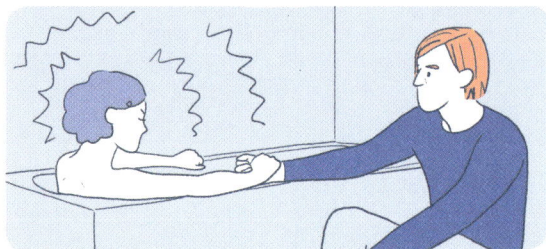

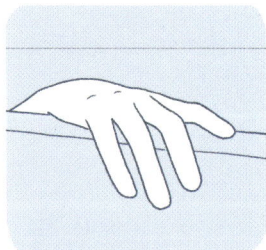

你到楼下时给我发信息。

你要自己下楼吗？

嗯，没事的。楼下见。

我尽快。

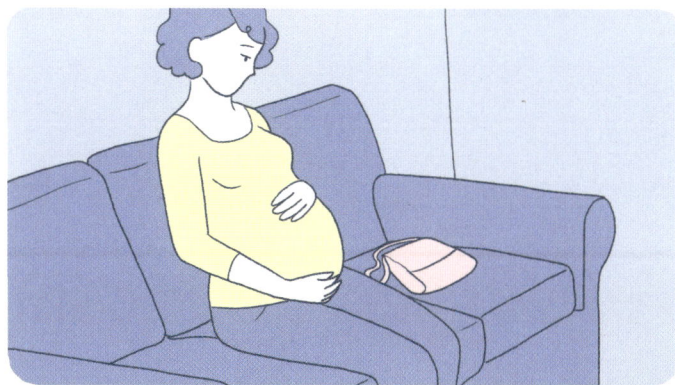

我在楼下。

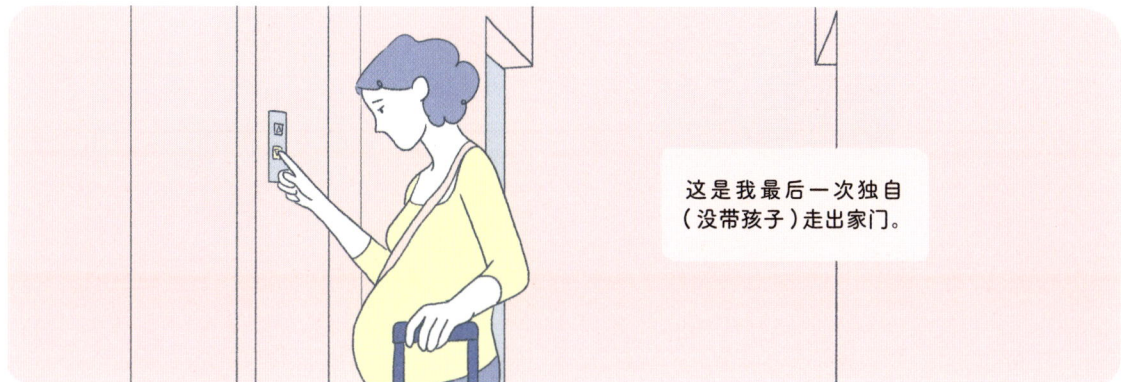

这是我最后一次独自（没带孩子）走出家门。

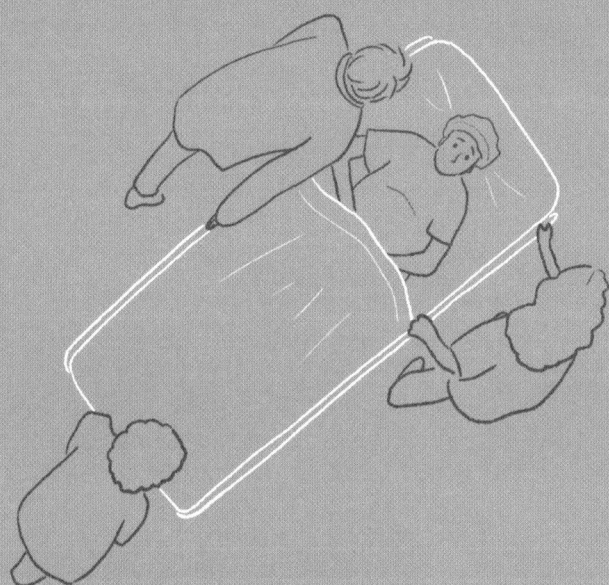

# 02
## 彗星

········································

La Comète

我超级疼……

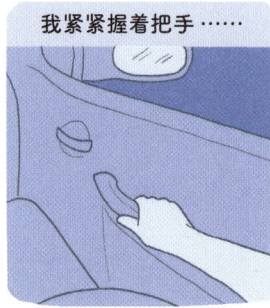
我紧紧握着把手……

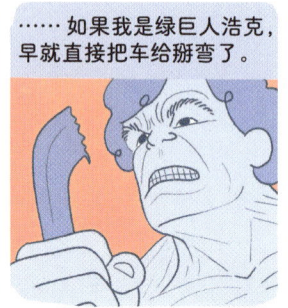
……如果我是绿巨人浩克，早就直接把车给掰弯了。

请躺下。

所以，这是您的第三胎，对吧？

不，是第一胎。

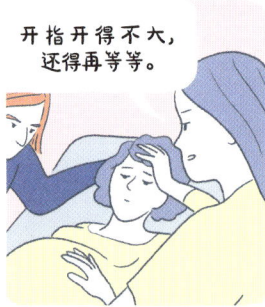
开指开得不大，还得再等等。

女士，请跟我来。

先生，请您在走廊里耐心等待。

我们会过来叫您。

可怜可怜我吧，我可不想被她接生，她看起来脑子有毛病。

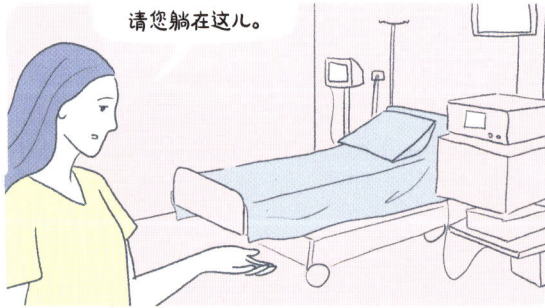
请您躺在这儿。

脱掉衣服，穿上这个。

哎哟。

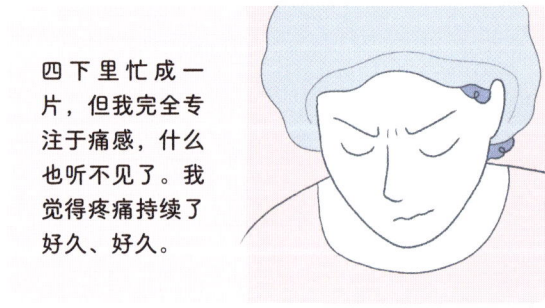
四下里忙成一片，但我完全专注于痛感，什么也听不见了。我觉得疼痛持续了好久、好久。

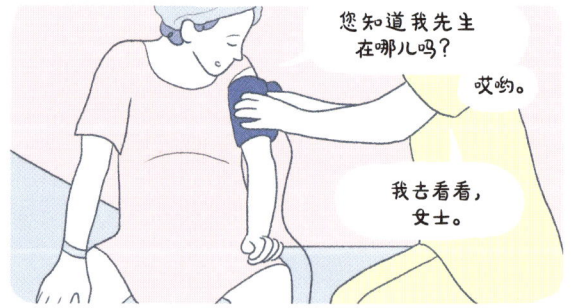
您知道我先生在哪儿吗？

哎哟。

我去看看，女士。

突然，我感到身体下出现了一摊温热的液体。

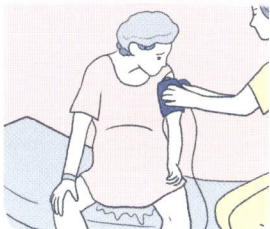

液体流啊流，我什么都控制不了。

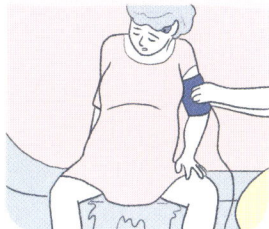

我太疼啦！

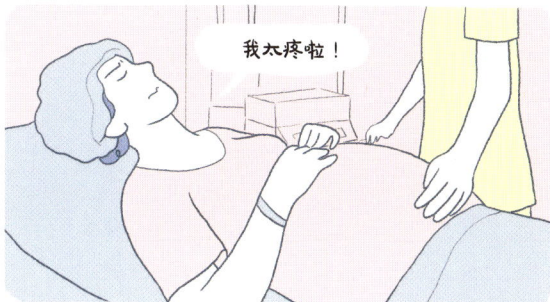

您的开指还不够大，但我们准备给您打无痛针了。

谢谢，终于可以打了！

我先生在哪儿？

哎哟。

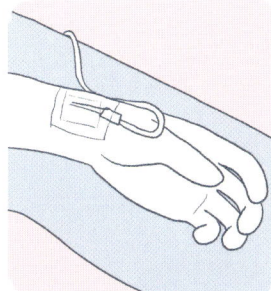

请您坐起来，两腿放在床的侧边。

那只针头巨大无比。

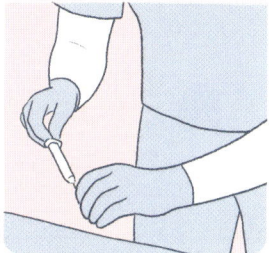

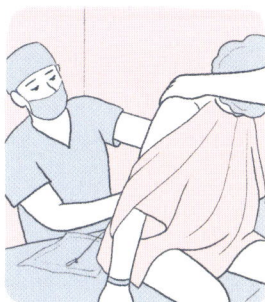

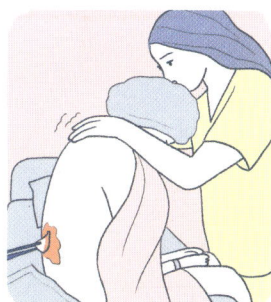

请别再动来动去了！

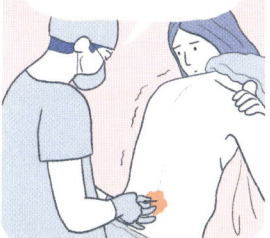

真是个混蛋……换你试试，男人！

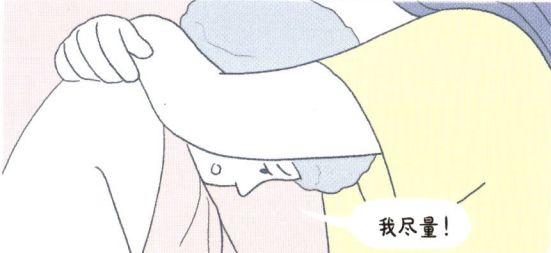

我尽量！

宫缩痛已经让我感受不到后背打针的疼了。

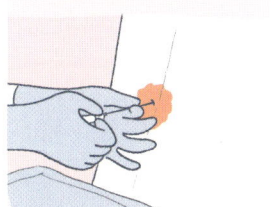

您特别特别疼的时候，就按这个按钮，好吗？

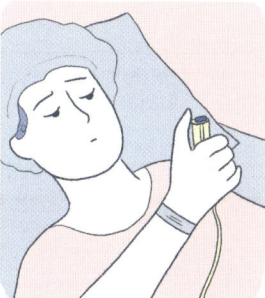

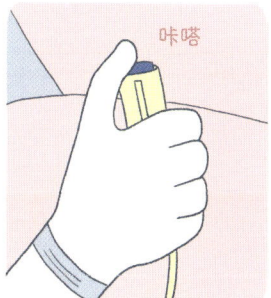

咔嗒

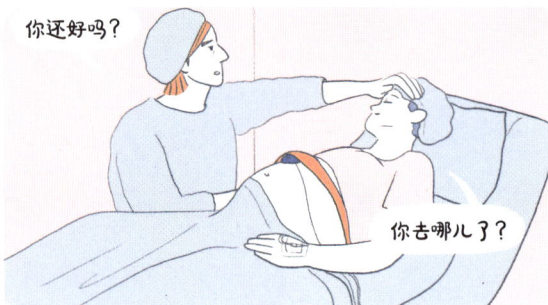

你还好吗？

你去哪儿了？

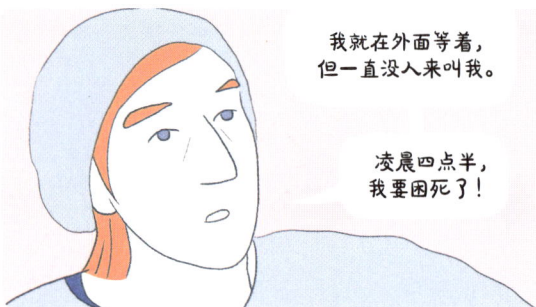

我就在外面等着，但一直没人来叫我。

凌晨四点半，我要困死了！

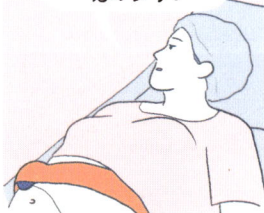

他们给我打了无痛针，天啊，感觉好多了。

他们真是不怎么关照陪床的……

坐在这带滚轮的小凳子上，怎么睡觉？

宫口开五指了。

呼噜

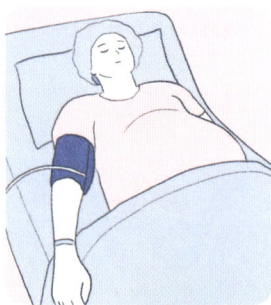

宫口开八指了。

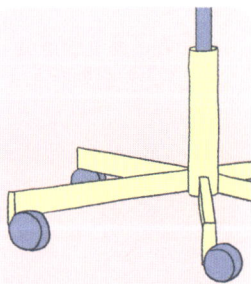

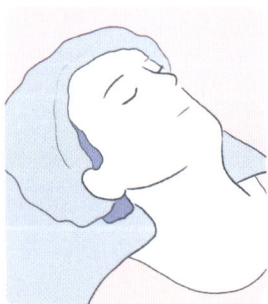

八指。

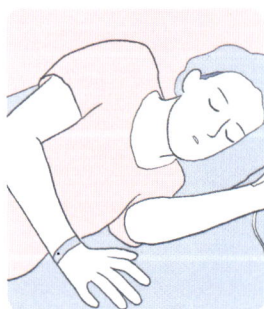

八指。

上次我已经碰到他的手了。

20

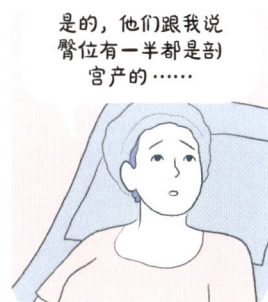

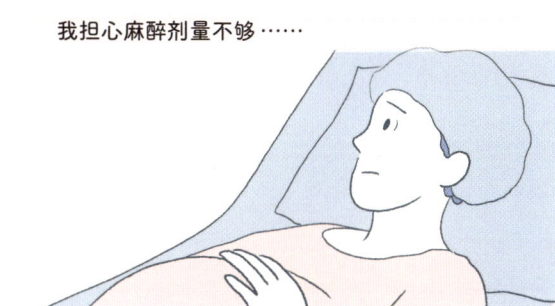

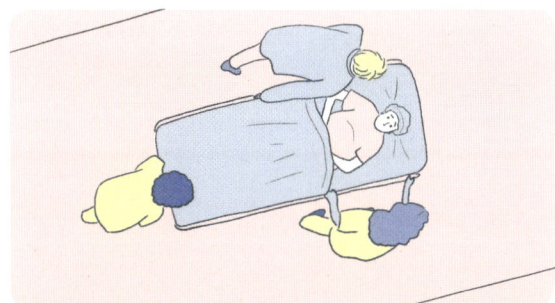

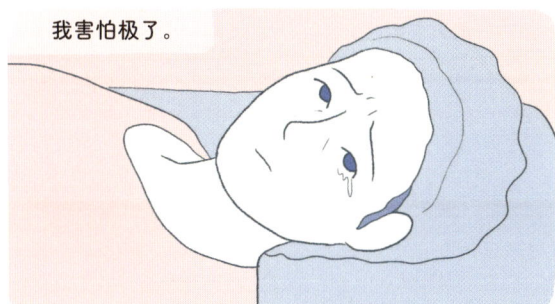

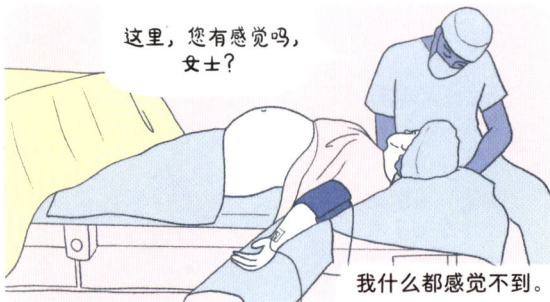

这里，您有感觉吗，
女士？

我什么都感觉不到。

我知道塞缪尔在。我昏昏沉沉的，不知道都发生了些什么。

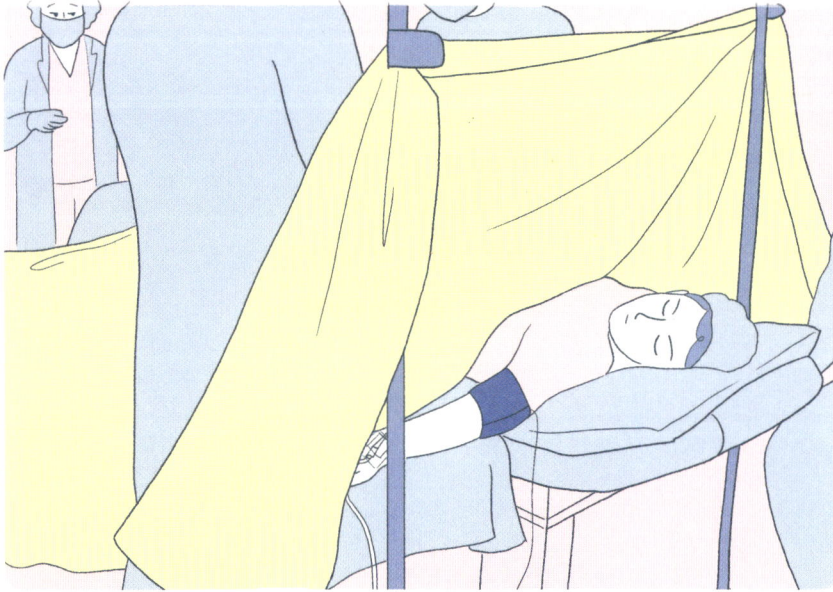

有那么一刻，
我感觉自己的肚
子一下子空了。

他们好像给我看了宝宝。

但我听不懂他们在说什么。

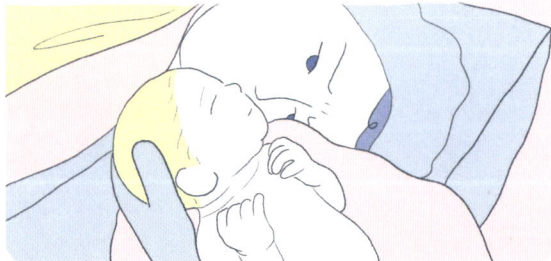

宝宝好像被带走了，塞
缪尔跟了过去。

然后我就失去知觉了。

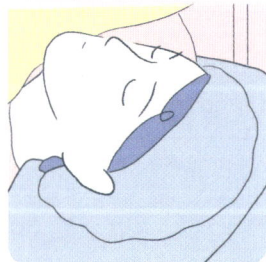

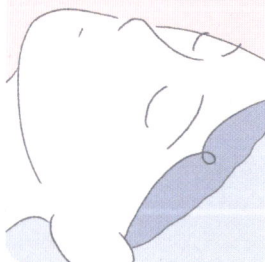

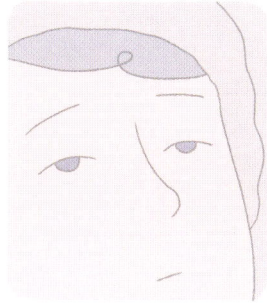

我觉得自己被粘到了床上。

我躺在苏醒室里，肚子特别疼。

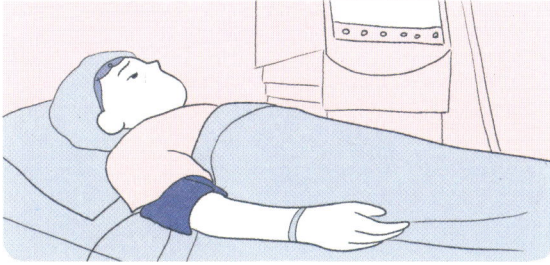

我好像被暴打了一顿。

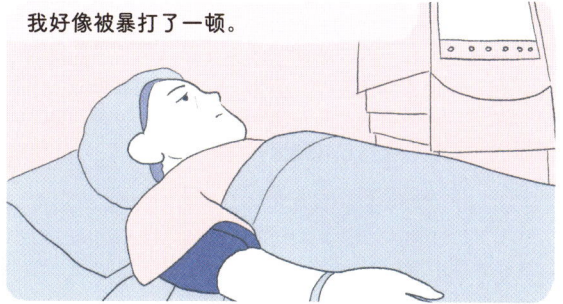

我的精神被囚禁在没有生气的躯体里。

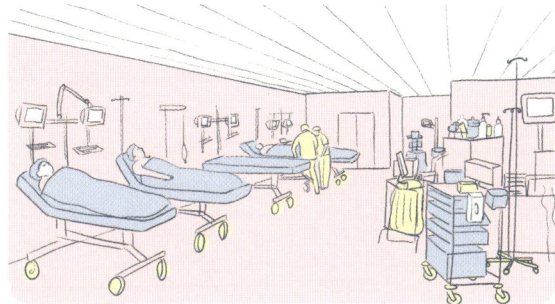

我想回家，我受够了这一切。

我一点儿都不着急见到宝宝。我不知道这正不正常。

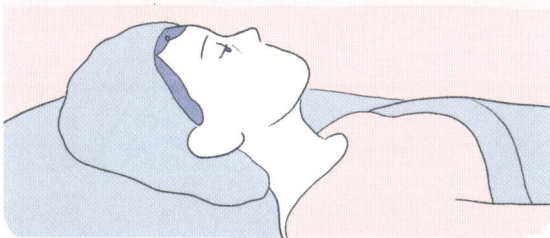

我太疼了。

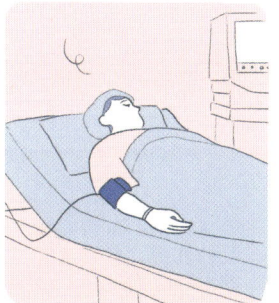

在昏迷了两个小时后，我终于被送到了楼上的病房。

我想象着宝宝的长相。

我看见，塞缪尔抱着他，一脸幸福。可我没有丝毫感觉。那一刻，我明白了为什么送养孩子的母亲们不愿意见宝宝。因为，眼下，如果他马上离开，我不会受到任何影响。在从没见过他的情况下，我完全可以轻松地开启新生活。

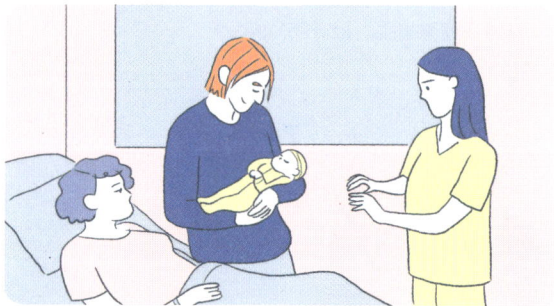

我还是什么感觉都没有，这不正常……

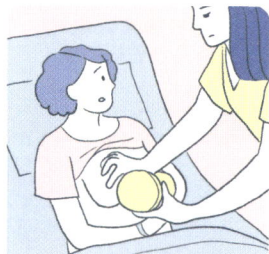

这女人，真是粗暴野蛮！

有这么个小东西吮吸我的乳房，那感觉真的太奇怪了。

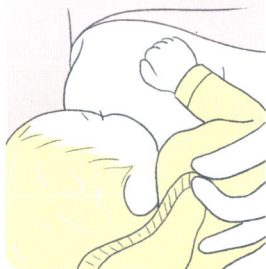

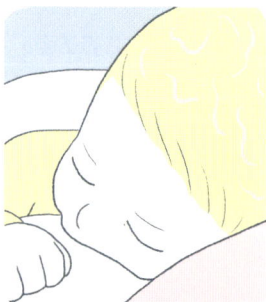

今天先不给他洗澡，免得他着凉。

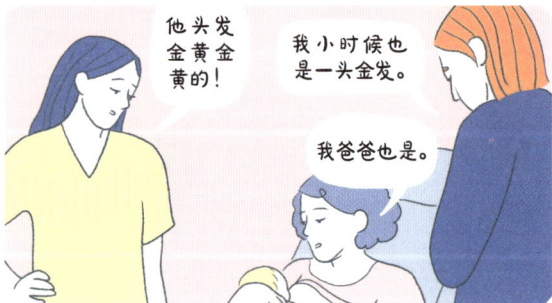

他头发金黄金黄的！

我小时候也是一头金发。

我爸爸也是。

你疼吗？

疼，特别疼。

你们去了那么久，都干什么了？

他们做了各种
检查……

之后我给他穿上衣
服，来了这儿。

一月龄的衣服太大了，
得把袖口卷起来……

你告诉大家了吗？

告诉了，但我让他们
明天再过来。

这样你可
以稍微休
息下。

我工作那边打好
招呼了，请了陪
产假。

来，这是对乙
酰氨基酚，止
疼的。

每三个小时服用
一次，跟布洛芬
交替着来。

哺乳期间，我们没法
给您药效更强的了。

您能帮我把这
个拿出来吗？

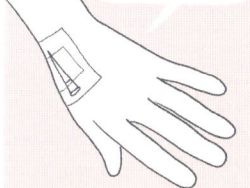

这东西，太疼了。

得留着，万一需要
给您紧急输液呢。

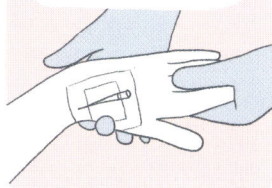

每次喂奶和换纸尿裤的
时间，都要记录下来。

还有大小便情
况也要记。

每次喂奶要多长时间？

我真应该去上课来着。

每侧十分钟。

把后喂奶的一侧记录
下来，下次喂的时候
从那一侧开始。

一般来说，宝宝在后喂
的那侧吃奶吃得少些。

喂奶前先换纸尿裤。

这样，他吃完奶就
可以接着睡觉了。

换纸尿裤的事，
暂时由爸爸来做。

再过几个小时，
您才能下床。

天啊，我从没换过纸尿裤。

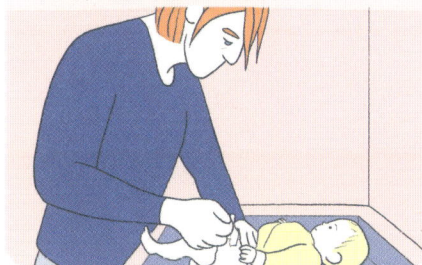

我完全不会照顾宝宝……

25

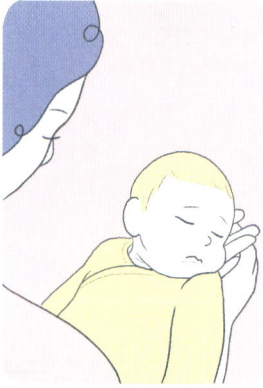
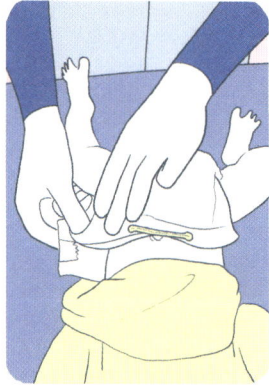

我把您的药
也带来了。

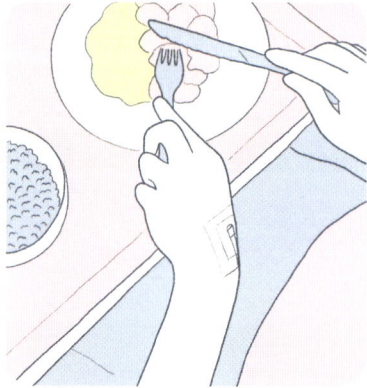

要按时服药！

提前预防着，总比疼
得不行匆忙应对强。

先生，探视时间
还有一个小时。

好吧，我这就走。

我去跟朋友
们庆祝下。

明天，你能把喂奶靠
枕给我带来吗？

还有一盒
纸巾。

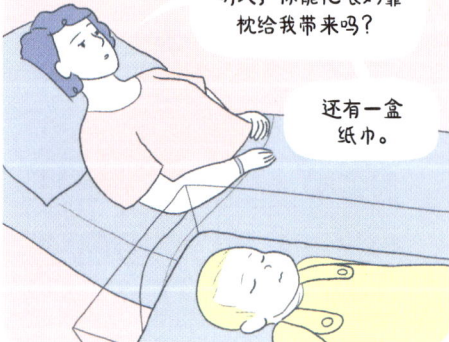

好的。 晚安。

晚安，
麦克斯！

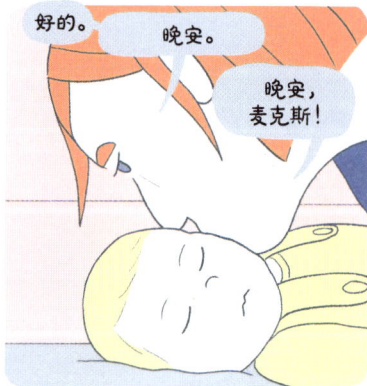

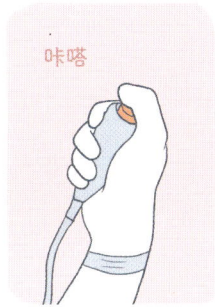

咔嗒

怎么了？

您能给我演示下怎样换纸尿裤吗？一次就行。

太丢人了，我该去上课的。

我想确保自己的做法没错……

哎哟！

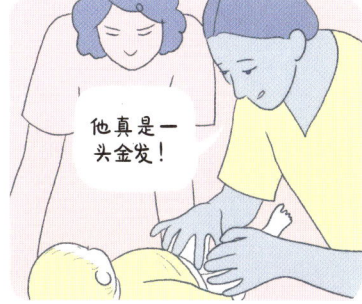

他真是一头金发！

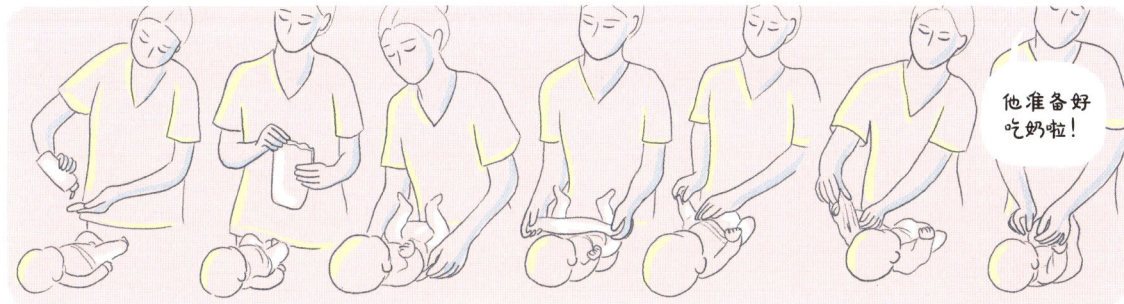

他准备好吃奶啦！

我在想，他在我肚子里时，头骨闭合的地方，是不是就是这里。

喂奶的感觉，还是很奇怪……

我觉得自己已经不再属于受过文明教化的人类了。

跟宝宝共度的第一个夜晚。网络信号太差，刷不了手机，真不走运……

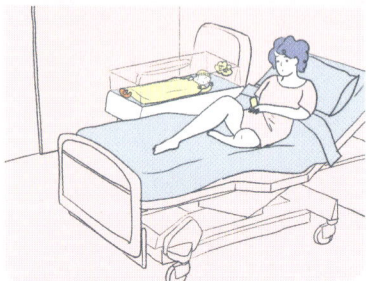

我决定发短信告诉所有人。

嗯……朋友、同事、表兄妹……

恭喜你们俩！么么哒……

耶！

哦！太好啦！

欢迎麦克斯！

一切都顺利吧？

好好享受吧！幸福满满哦！

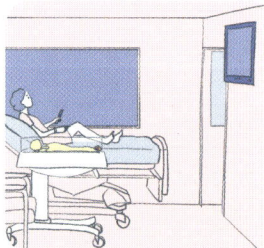

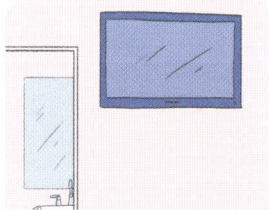

电视看不了……

唉，这病房太热了。

断掉了……真绝！

哎哟。

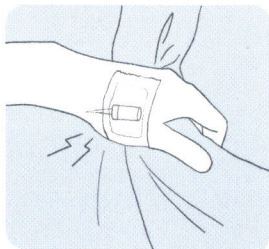

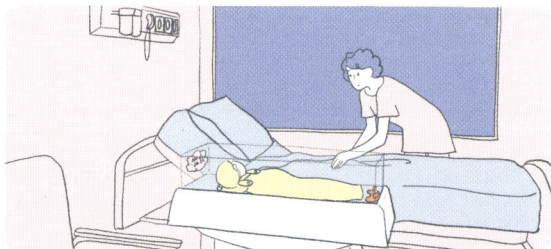

好啦，该好好睡一觉啦！

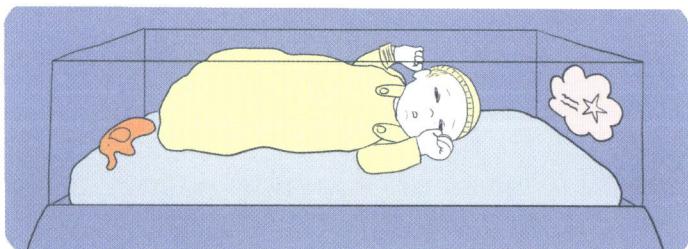

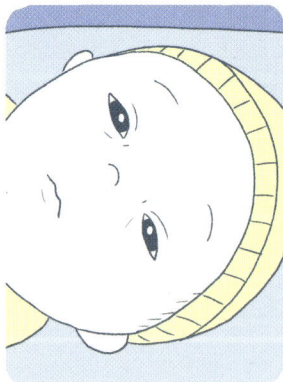

我要累死了……

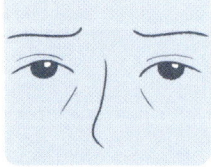

我要疯了……

该吃药了。

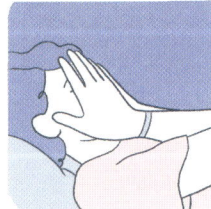

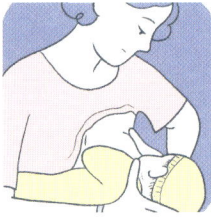

该吃药了。

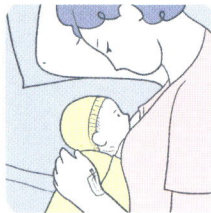

您有奶了吗？

根本没法睡觉。

他吃奶了吗？有没有排大小便？

他吃奶了吗？有没有排大小便？

我全身都疼……

您试过别的姿势吗？

您试过别的姿势吗？

他吃奶了吗？
有没有排大小便？

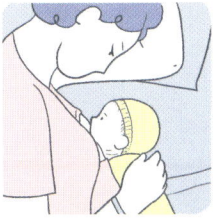

我太疼了……

我为什么要生孩子？

我后悔极了……

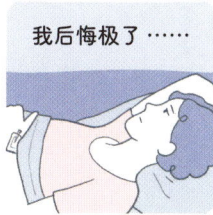

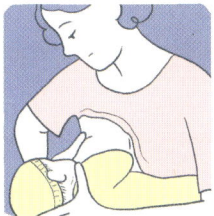

您试过别的姿势吗？

杀了我吧！

要是再不睡会儿，
我会受不了的。

该吃药了。

我太累了……

我本不该把他放
到我的床上……

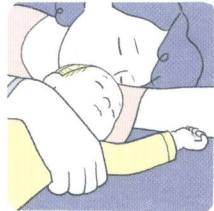

第二天，我比他先醒的 …… 我睡觉了 ……

…… 嚯，整整一个小时。胜利！

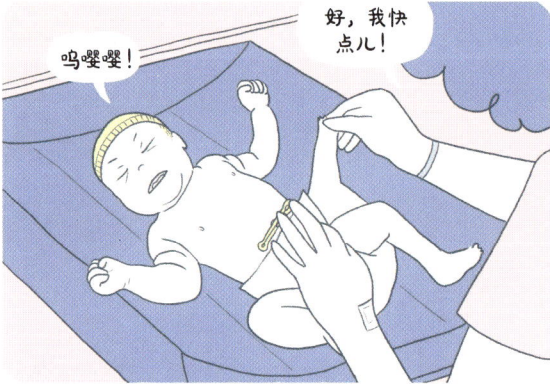

呜嘤嘤！

好，我快点儿！

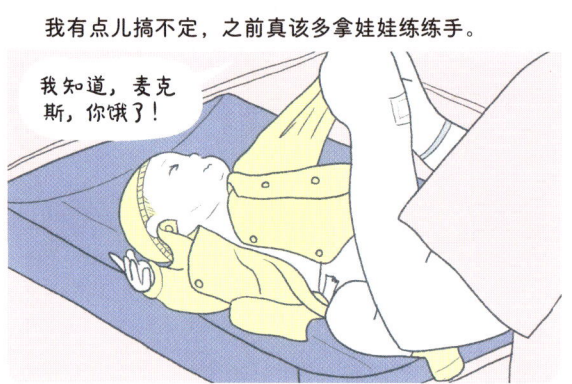

我有点儿搞不定，之前真该多拿娃娃练练手。

我知道，麦克斯，你饿了！

好啦！

我的肚子特别疼，但现在乳房也开始疼了 ……

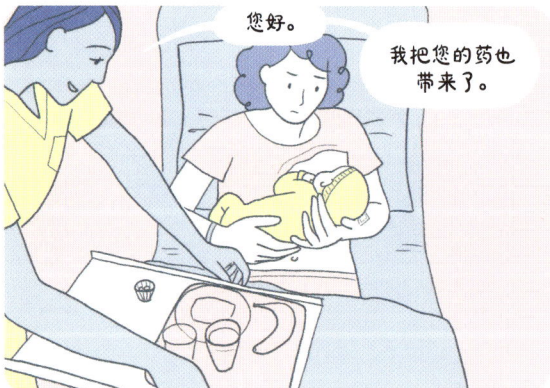

您好。

我把您的药也带来了。

我们马上给他洗澡。

32

我走起路来像个老奶奶……但从病房出来走走，感觉挺好的。

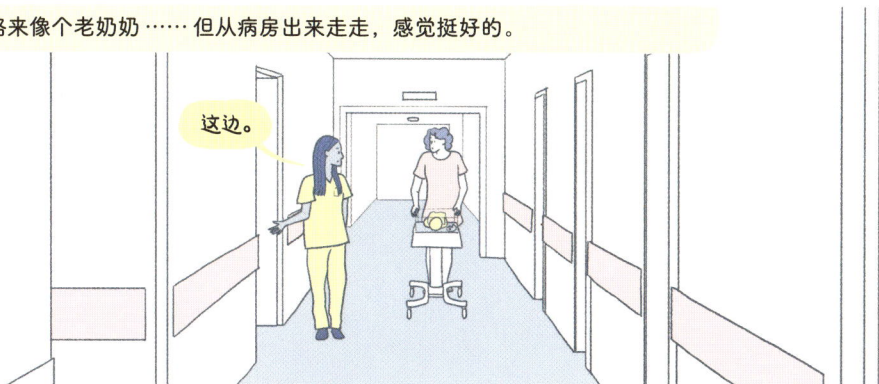

这边。

您把胳膊放在他的头下面，托住他。

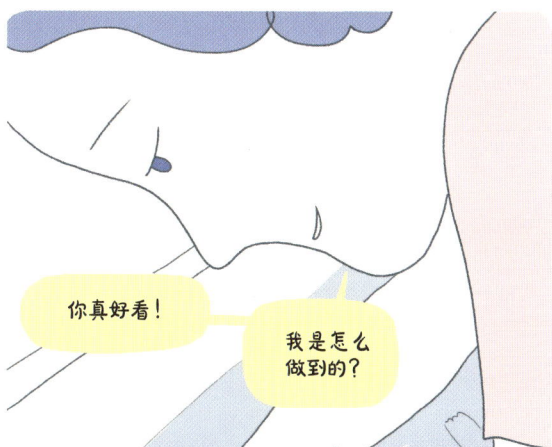

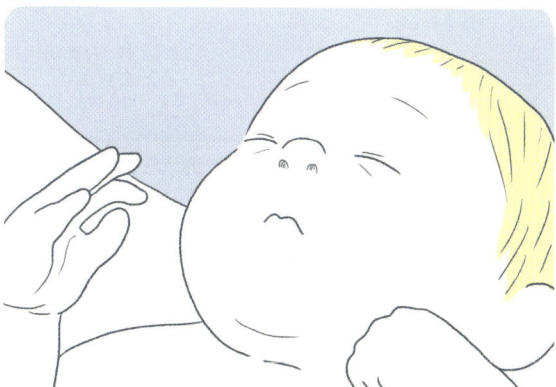

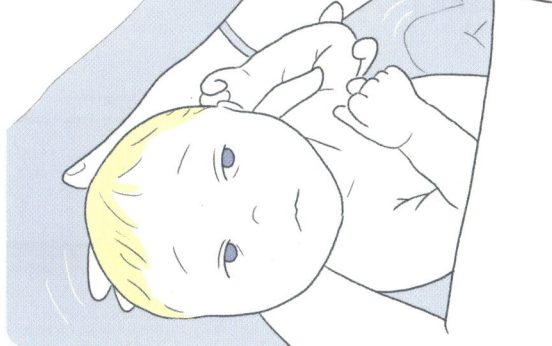

你真好看！

我是怎么做到的？

嗨。

天啊！

我昨天等了一整天，郁闷死了。

我好想赶紧见到他！

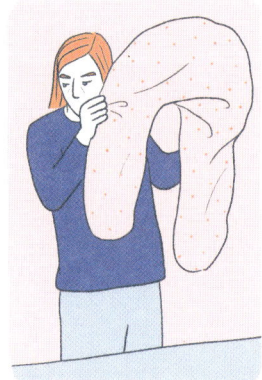

你带纸巾了吗？

啊，没有，我忘了。

我一会儿去给你买。

看，我给你带了葡萄汁和饼干。

哦，谢谢。

他的头发金黄金黄的……

你爸爸小时候的头发也是这样的。

对，我也是。

你给他洗澡了？

洗了，但我就不一样了，我还是不能洗澡。

我还得再等等，因为有刀口。

疼吗？

哈喽！

嗨，妈妈。

咱们家的继承人怎么样啦？

34

你想让我给他
换纸尿裤吗？

等下，
我来换。

你好呀，麦克斯。
哎呀呀，你怎么这
么好看呀。

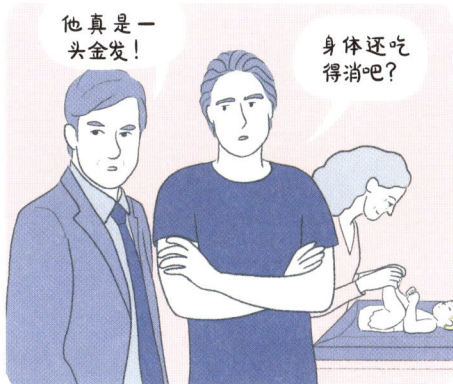

他真是一
头金发！

身体还吃
得消吧？

吃不消。

儿科医生会
来吗？

明天吧，
我记得是。

在弟弟们面前，我一直都穿着胸衣，即
便是在我父母家悠闲过周末时。只穿一
件T恤都会让我觉得很尴尬。这会儿，
在家人面前袒胸露乳，感觉就更奇怪了。

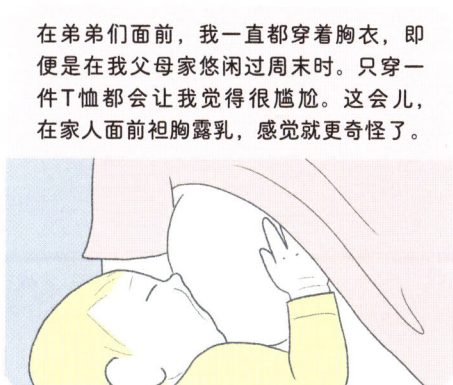

阿曼迪娜？

配送巧克力。

啊，真好。
是塞莱斯
特送的！

你们吃吗？

你还是自己
留着吧！

第三天：跟昨天夜里一样，简直是地狱！

呜哇哇！

我陷入了时间的循环里。

在折磨了我一整夜后，麦克斯在我妈妈和塞缪尔面前呼呼睡了大半天。

您好，我来做刀口护理。

家属可以在走廊等一下吗？

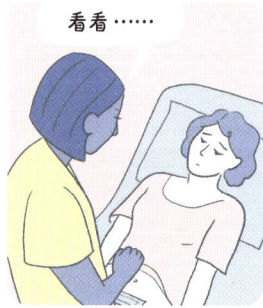

看看……

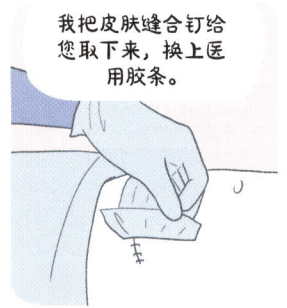

我把皮肤缝合钉给您取下来，换上医用胶条。

这么快？

嗯，是的，正常。

您的小腹真平坦！

您肯定会遭人嫉妒的！

怀孕那会儿我肚子就不大。

整天忍受这些糟糕的事，我真想象不出谁会嫉妒我……

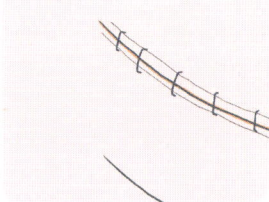

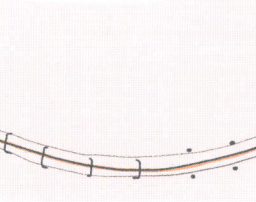

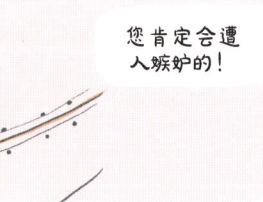

嘿，好啦。

等明天再洗澡哈。

用中性香皂，伤口要清洗干净哦！

好的。

我去叫您的家人。

谢谢。

我能看看你的刀口吗？

当然！

啊，是啊，还是挺大的。

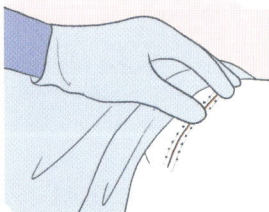

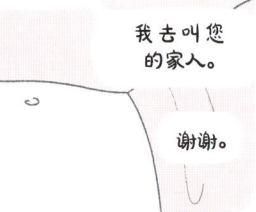

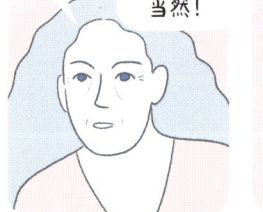

白天慢慢过去，我眼看着时间一小时一小时地流过，新的一夜即将来临。

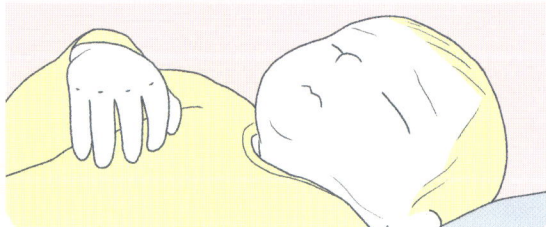

妈妈和塞缪尔离开后，我再一次独自忍受疼痛、面对麦克斯。

呜嗳嗳嗳

呜嗳嗳嗳嗳

来，麦克斯！！

吃吧！

不是吧！

吃呀！

终于安静了。

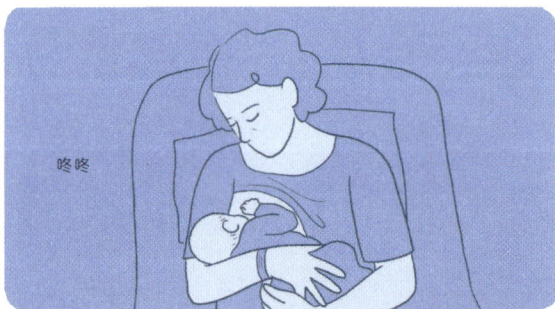

咚咚

他吃奶了吗？

啊，他正在吃，太好了。

一切都好吗？

嗯，都好。

好的，晚些时候见。

呜呜呜……

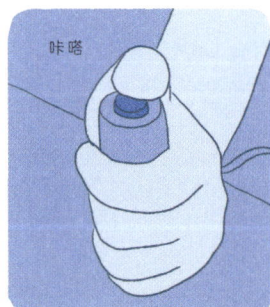

咔嗒

这么快？

呃，怎么了？

我不知道……我做不到……

每次他哭个不停的时候，我都不知道他想要什么。

我的胸太疼了……我受不了啦！

他看起来很好。

您有没有尝试别的姿势？

试过，试过很多……

我陪您待一会儿吧。

您是做什么工作的？

我是搞设计的。

啊，真好，我侄女也想干这个。

您的家人来看您了吗？

来了，昨天和今天都来了。

这宝宝真的很好看。

长得漂亮，头发的颜色也美。

您会发现，头几个晚上，很难熬。

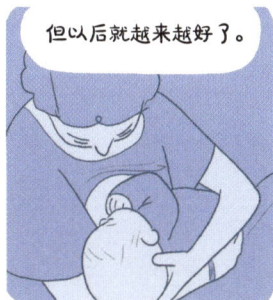

但以后就越来越好了。

如果回家后您还疼的话……

有个传统小妙招，在内衣里放白菜叶。

很缓解哦！

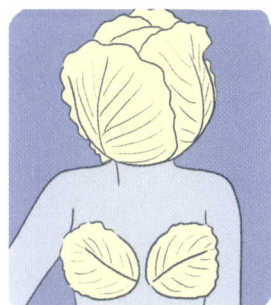

您有乳头霜吗？

有，我在用，但还是超级疼。

皮肤会自行恢复，没事的。

好些了吗？

好些了，谢谢。

您想吃块巧克力吗？今天收到的……

我很愿意吃！这礼物送得好。大家往往都只给宝宝准备礼物。

好啦，我走了，有需要就按铃。随时叫我哈！

谢谢。

等你长大了就知道了。

吃巧克力，是世界上最美好的事情之一！

第四天，时间过得很慢······

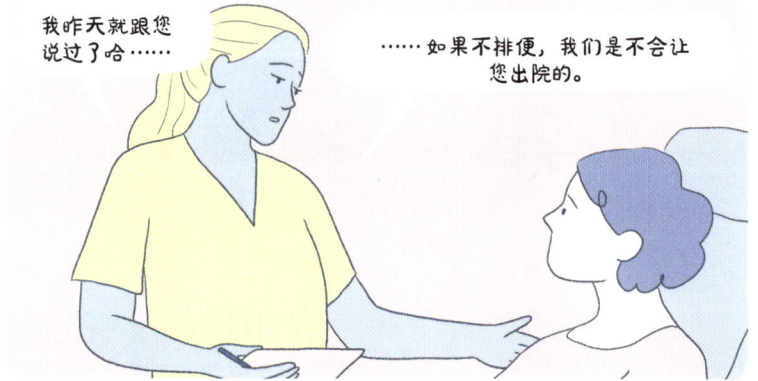

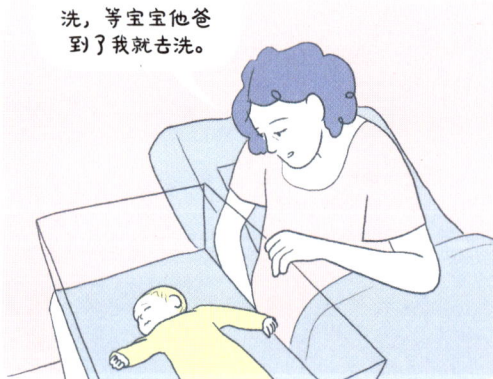

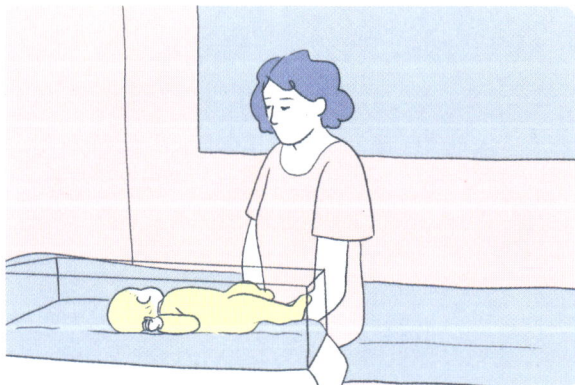

对不起，我睡过头了，马上到。

早上好，他几点吃的奶？

八点四十。

您去过洗手间了吗？

没有，一直没去过。

我昨天就跟您说过了哈······

······如果不排便，我们是不会让您出院的。

您今天上午洗澡吗？

洗，等宝宝他爸到了我就去洗。

好的，非常好。

对不起…… 我凌晨三点才睡，玩游戏机了。

你还好吗？

我从一早就开始等你，等你到了我好去洗澡。

我已经三天没洗澡了……

哈喽！

等下，你还好吗？

这是怎么了？

算了。

你带孩子吧，我去洗澡了。

等等，告诉我你怎么了。

别问了，我这会儿不想说话。

不，阿曼迪娜，等下！

我已经好几天没独处过了。

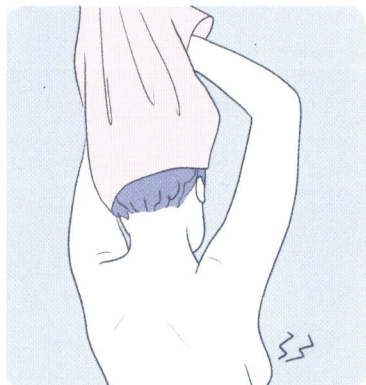

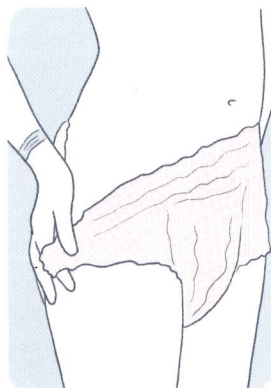

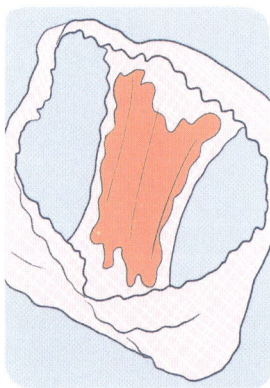

这淋浴间的地面都发霉了，太夸张了吧？简直像是在监狱里。

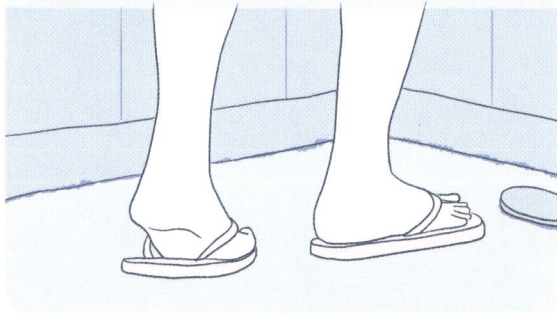

我身陷地狱时，我男人却在睡懒觉，简直不敢相信……

哎哟。

这个气味，让我想起了以前的生活。

今晚，再次独自一人。

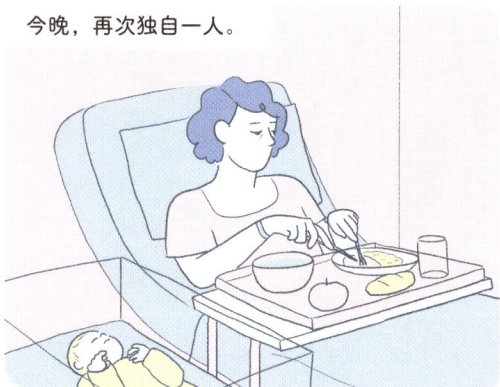

好吧，我总结一下！

我每三个小时吃一次药，但依然疼得要命。

我每两个小时给孩子换一次纸尿裤、喂一次奶。

紧接着，那些小姑娘们会来查房，记录这些数据。

我连续睡眠的时间一次不超过一个小时，乳头已经裂开。

我知道，自己本该去上课学习这些的，但话说回来，这些曾经看起来是那么简单。从没有人告诉过我，这不是自然而然的事。

所有女人都看似天生会做这些事。我还以为那些课没什么大用呢……

也从没有人提醒过我，喂奶时还会有可怕的宫缩，有助于子宫恢复原状。

宫缩痛

在肚皮的对应位置上再挨一刀，就更绝了。真是幸福。

而且，他们还威胁我，如果我不上厕所，明天就不准我出院。

我特别怕去厕所。如果我在用力时刀口裂开了怎么办？

我的肠子会掉到大腿上吗？到时候，那些医生可就尴尬喽！

我们不能留在这儿，小男子汉。

绝对不可以！

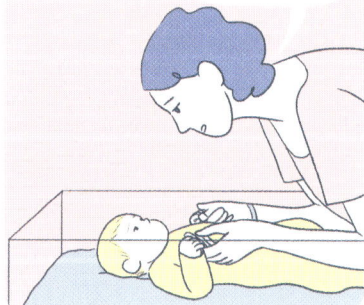

去吧，加油。

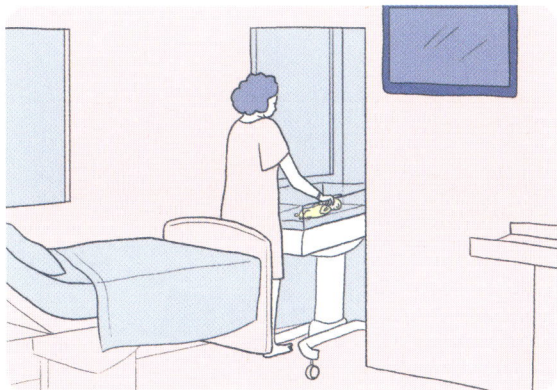

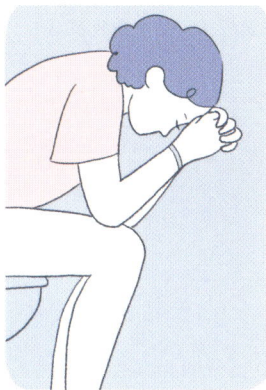

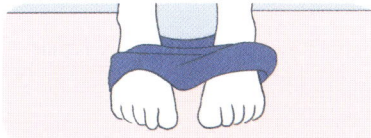

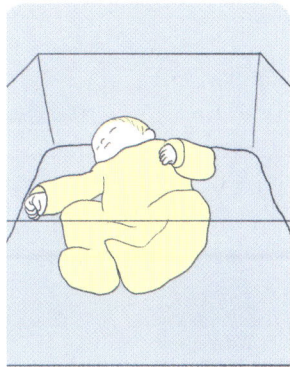

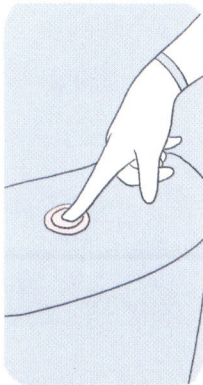

唉，我还从没因为上厕所而这么高兴过呢。

我皮肤也从没这么好过，瞧：一个痘痘都看不到，而且还是素颜。

天啊，就连头发都超美，真是不敢相信……

得想个什么办法，既能享受产后为数不多的身体福利，又能免去各种麻烦。

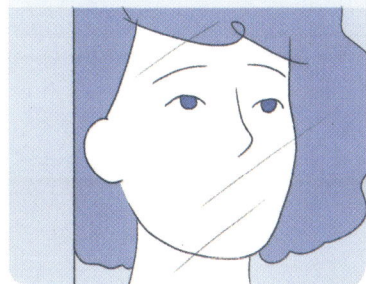

因为，眼下穿着病号服、屁股上垫着产褥巾的我，真是不成样子……

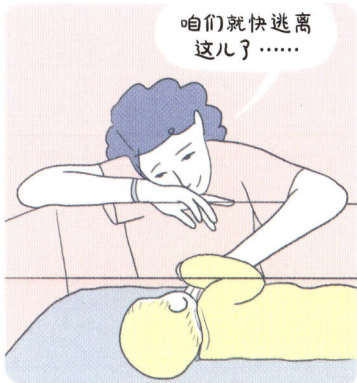

咱们就快逃离这儿了……

第五天，终于熬出头了！

最后吃一次奶，然后咱们就走啦，宝宝！

嗨！

我来之前接到了你妈妈的电话。

她明天早上过来。

行李箱已备好。

所有的材料和处方，我都整理好了。

拿药的处方？

是的，我还得买弹力袜。

防止静脉炎的。

不用穿病号服，让我感觉很奇怪，即便套上的仍是孕期牛仔裤。

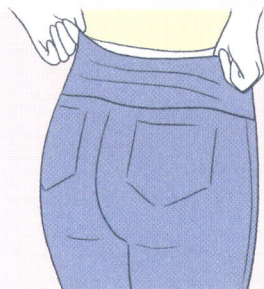

我喂他吃完奶，咱们就出发？

塞缪尔拍下了我在病房里最后一次喂奶的照片。

等下，马上！

这是五天来我唯一一张有笑容的照片。

46

出院了，你不高兴吗？

高兴，我巴不得赶紧回家……我也不知道自己是怎么了。

我害怕极了。

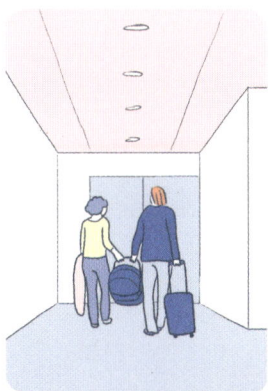

我有一点近视，五天来，我看的最远的地方就是病房的墙壁。我的眼睛已经不适应看这么远了。

过去的这五天，是我生命中最漫长的五天。

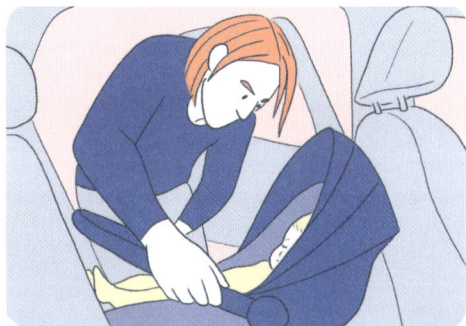

终于到家了。终于结束了。

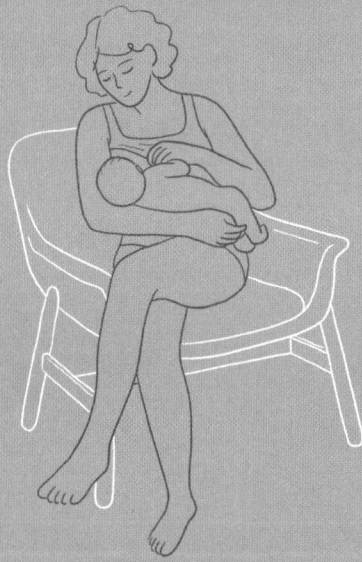

# 03
# 享受吧!

........................................

Profite !

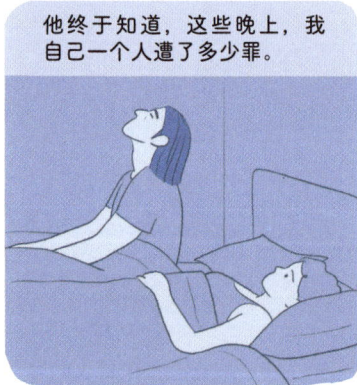

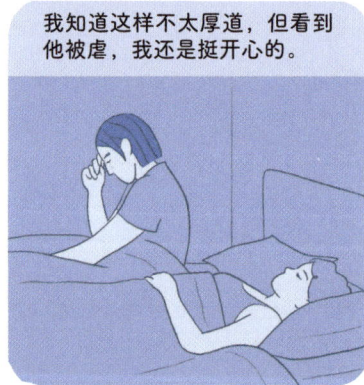

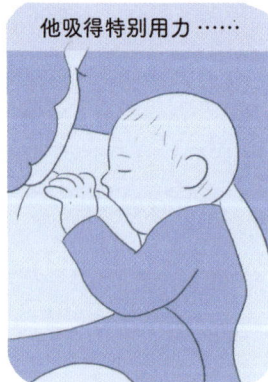

我把他抱回去。

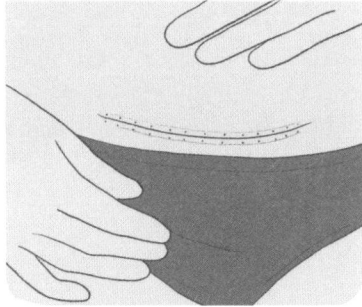

我觉得自己的刀口很奇怪……

你还好吗？

不好，我肚子疼。

怕是伤口裂开了。

真的吗？让我看看？

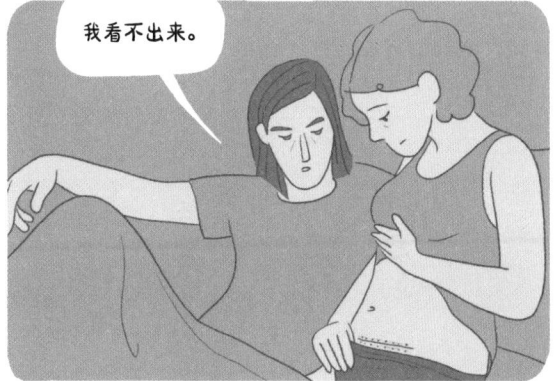

我看不出来。

我心口还有点刺痛，上不来气儿。

喂，你可别让我眼睁睁地看着你倒下，嗯？

还好吗？

没事，没事。

我关灯了。

呼噜噜

呼噜噜

呜嗳嗳嗳

呜啊，这一晚上，简直像地狱！

你就别抱怨啦，这样的夜晚，我已经过了五个了。

哎哟！

你能把我送到产科看急诊吗？

我的刀口太奇怪了，我就是想让医生检查下。

好，没问题！

你喂他吃奶，然后咱们直接过去！

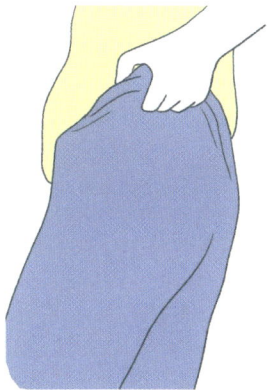
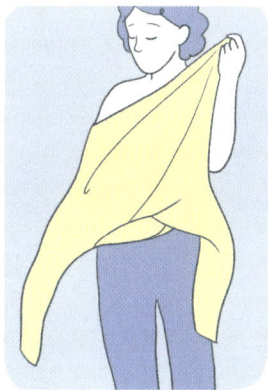
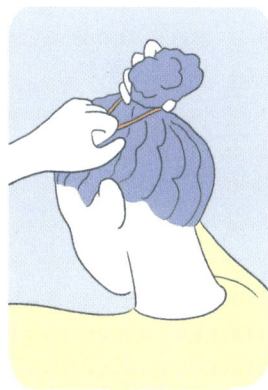
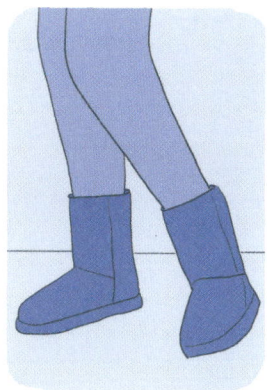

这是我这辈子最丑的样子……

以前的我，绝不会这副模样出门，可眼下，我太疼了！

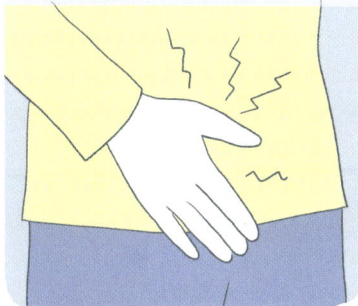
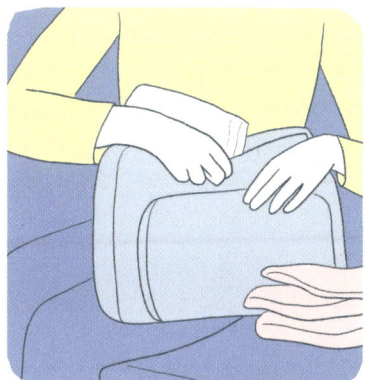

昨天出院的时候，我高兴得不得了！可现在，还没到24小时，我就又回来了。真是崩溃至极……

我和麦克斯在这儿等你。

有需要你就打电话。

好的。

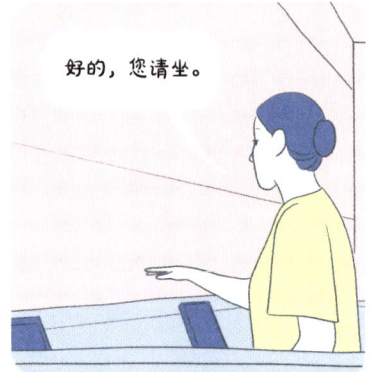

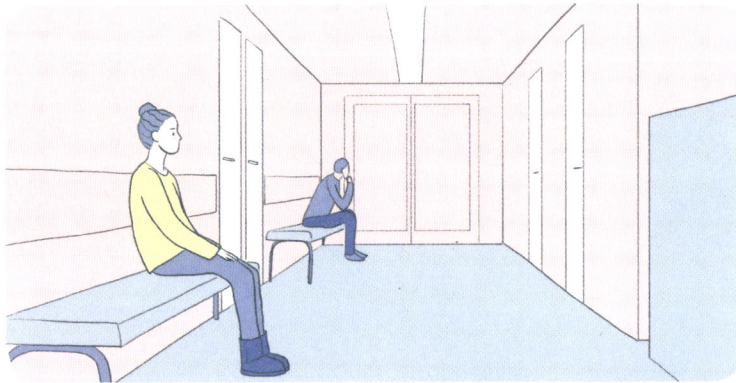

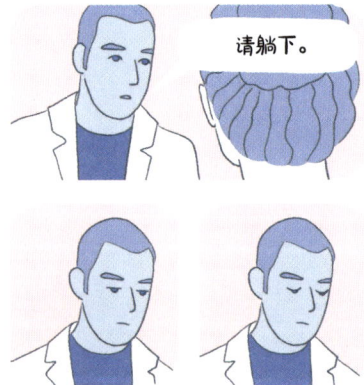

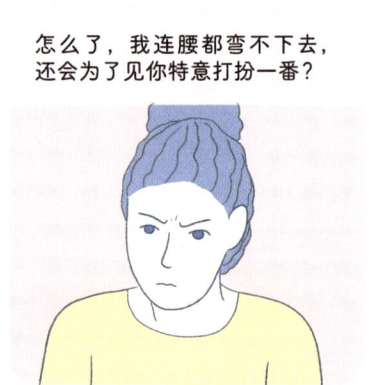

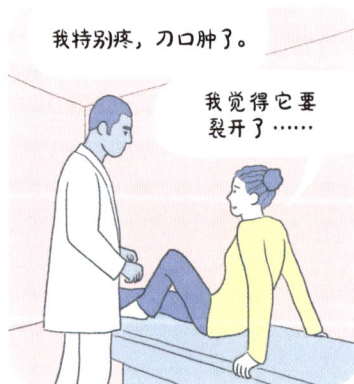

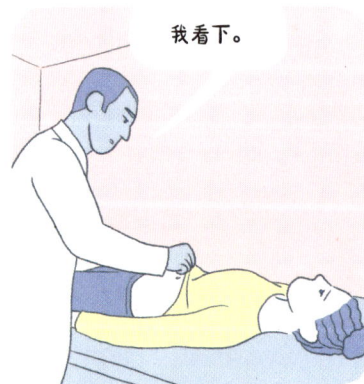

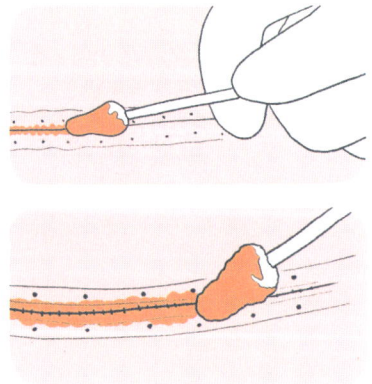

没事，很干净。

手术做得很好。

有点儿肿，但这是正常现象。

之后会消肿，一段时间后会痊愈。

一切都好。

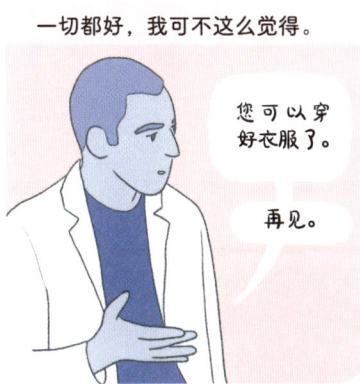

一切都好，我可不这么觉得。

您可以穿好衣服了。

再见。

这就完了？走吧，可怜的姑娘，这么矫情，把位置让给下一位病人吧。

怎么样？

一切都好。

嗯……正常。

咱们回去？

嗯。

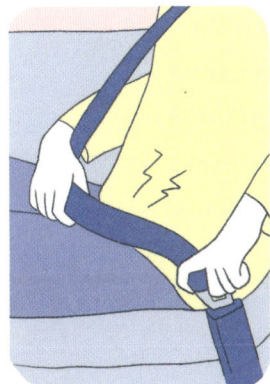

嗨！

看，我给你们买了东西……

……我打扫了客厅……

……我洗了一批衣服……

真好，谢谢。

睡着了呀，我的小宝贝？

那咱们就别吵他啦！

我买了只鸡，准备中午吃，怎么样？

一家子没日没夜地忙着……

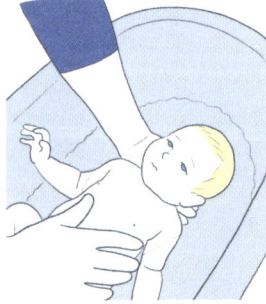

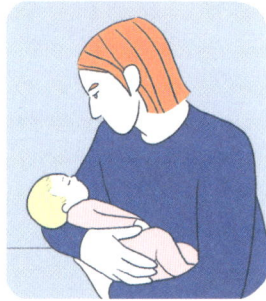

我肚子还是很疼。

但更惨的，是左侧乳房的裂伤。

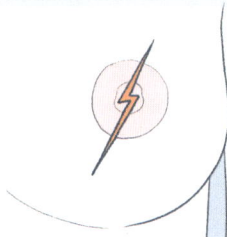

只要麦克斯一哭……

……我想的不是：我要给他喂奶，让他舒服些……

而是：他会把我弄疼。于是，每当那个时候……

我都只有一个愿望：远远地躲开他。

他开始吃奶时，我会咬紧牙关……

……接着就习惯了。

58

然后，这一切会
重新开始……

……无限轮回。

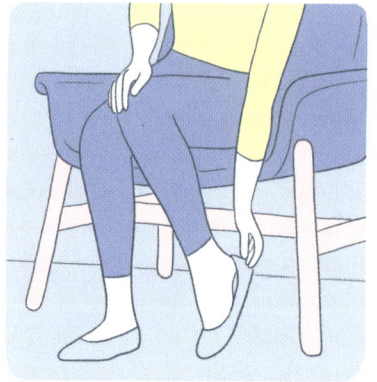

你要干什么？

我去买面包。我需要透透气……

从医院回来后我就再没出过门。

我受不了了。

他要是醒了饿了怎么办？

摇摇他，我很快就回来。

几分钟饿不死他的。

我真是受够了当奶牛。我也有生活的权利。

眈当

难道我连出门五分钟都不行吗，至于每个人都慌慌张张的吗？

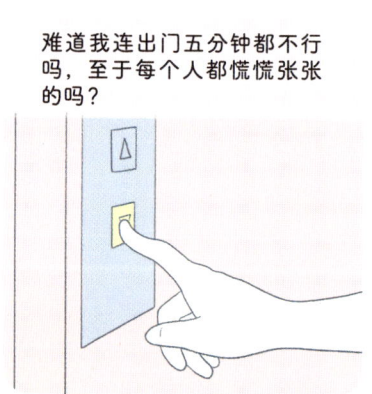

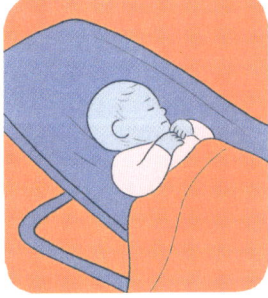

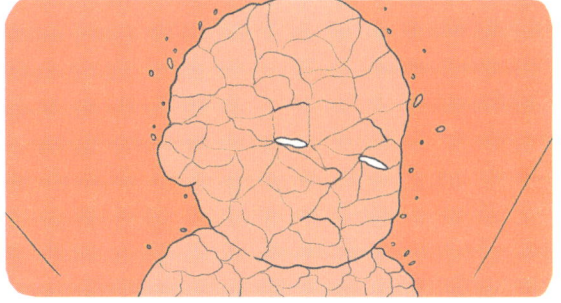
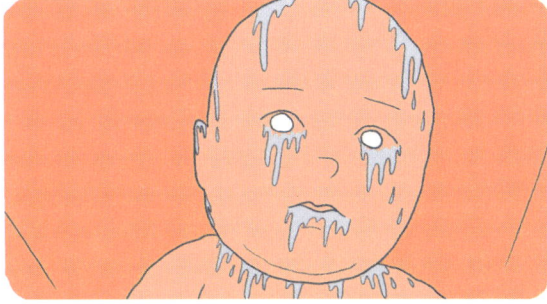

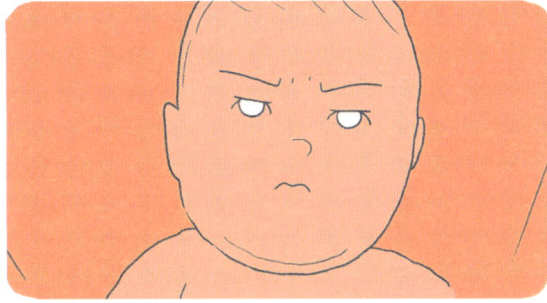

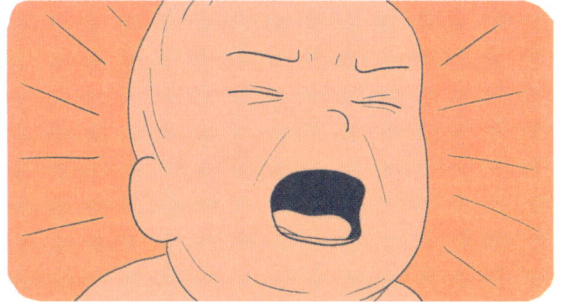
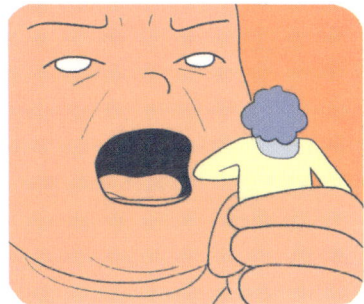
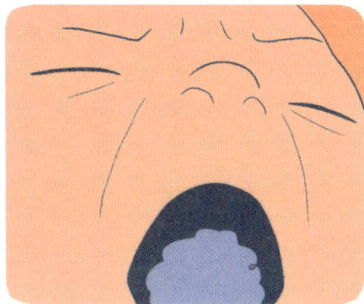
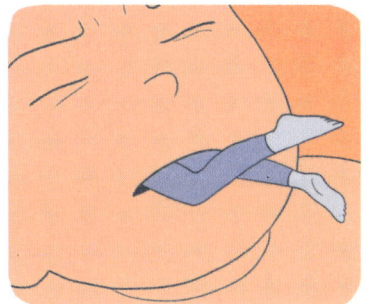

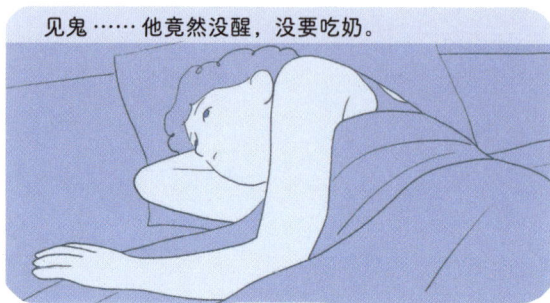

见鬼……他竟然没醒，没要吃奶。

4:00

什么声音都没有。怕是出什么事了。

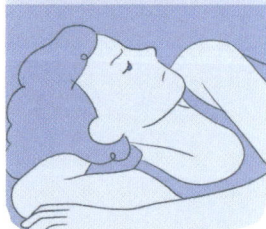

也许，他已经停止呼吸了。

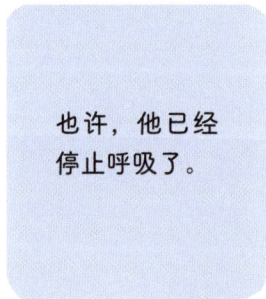

也许，我即将回到以前的生活，我太累了……

可我为什么要这么想？我是个坏妈妈，我真可怕。

嘿！他没醒。

你能过去看看吗？

啊？

从上次吃奶到现在，已经四个小时了，他一直没醒。

你能过去看看吗？我有点儿害怕。

别这样，你吓到我了。

他睡着呢！

你觉得我应该叫醒他吗？

不，接着睡吧。

你也趁机多睡会儿。

64

呼噜噜

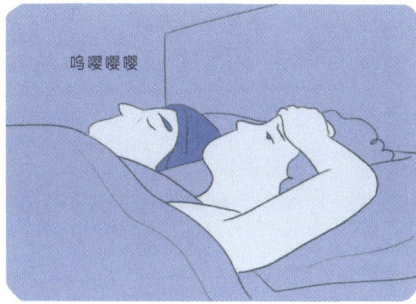

呜嗳嗳嗳

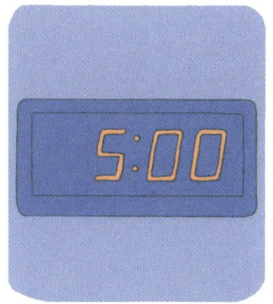

5:00

我的宝宝，
你吓坏我了！

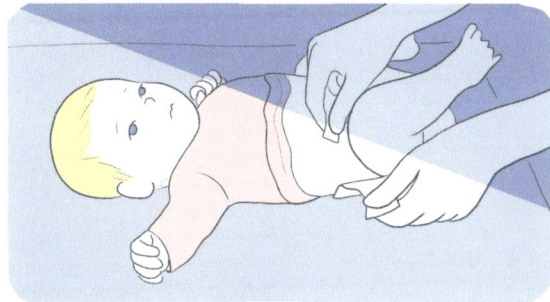

哎哟。

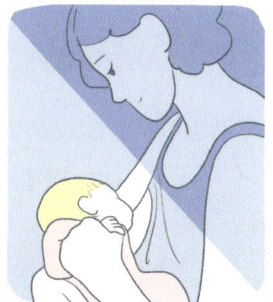

希望你的睫毛和头
发一直这样。

珍珠的颜色。

好看。

布娃娃一样
的长睫毛。

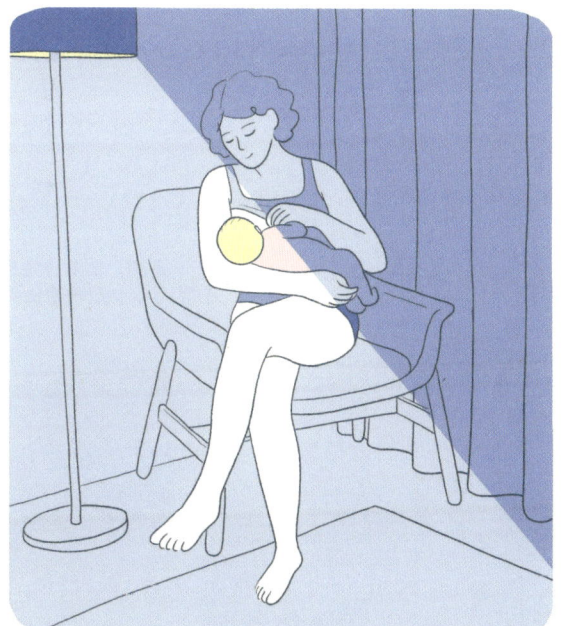

您好。

我是十一天前分娩的……

想买治疗痔疮的药，麻烦您了。

哎呀，好，我马上拿给您。

您知道的，这病很常见。

我本以为我的自尊心已经触底了，但看来这是一片无底的深渊……

药店

你买到需要的东西了吗？

嗯，买到了。

我买了鱼，中午吃。

嗨，邻居！

怎么样，生了吧？

是的，宝宝已经出生了！你想看看他吗？

哦，想看！只是，我怕打扰你们。

进来吧。

恭喜！哎呀呀，好小一只呀。

我都不记得了，刚出生的宝宝是这么小。

看见我那两个大闺女时，我觉得时间过得好快啊！

好啦，我得走了。

不管怎样，都好好享受这段时光吧，很快很快就会过去的！

再见。

为什么所有人都对我说"好好享受"？

享受什么，他们是认真的吗？这段日子，是我这辈子最难熬的！

不会一直这样的。

她说得对，很快就会过去的。

看看你，我的宝贝也有了个宝贝。

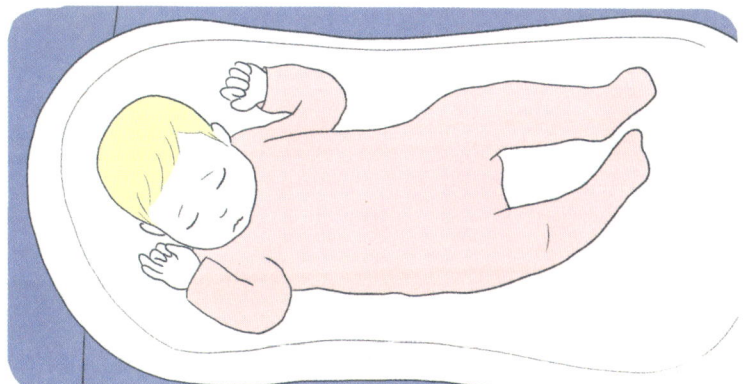

67

呜嗳嗳嗳

这下好啦，晚饭又得推迟了。

我把他给你抱过来。

每天晚上都吃不上热饭，你不烦吗？

纸尿裤里真是一团糟。

哎哟。

越来越疼了……

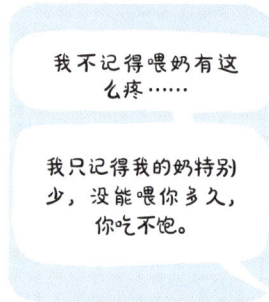

我不记得喂奶有这么疼……

我只记得我的奶特别少，没能喂你多久，你吃不饱。

我的奶不够，就只能用奶瓶了。

你知道，要是特别疼的话，你或许也可以用奶瓶喂呀？

重要的是，你和宝宝在一起时，有个好的状态。

每次喂他吃奶，你都掉眼泪，这可不好。

对你不好，对他也不好……

你能坚持到现在，已经比完全不喂好很多了。

我不知道……太疼了，没法忍受。

你怎么想？

呃，我嘛，之前读到过，母乳喂养有益于孩子的健康。

但看到你这样，我挺难受的。

遭罪的是你，该由你来决定，我不会对你指手画脚。

咱们家连奶粉都没有……

奶瓶已经有了。

奶粉我可以出去买……

68

看看网上是怎么说的。

🔍 谷歌搜索：突然中止母乳喂养

成功断奶的10个方法
1. 尽量延长母乳喂养的时间
2. 逐渐停止
3. 让奶瓶喂养成为愉快的时光
4. ……

🔍 新手妈妈论坛：突然断奶

我听说好像可以吃抑制泌乳的药？我想给娃断奶，我一侧乳房发炎了，特别痛苦。

· 不，别断，要坚持下去。

· 可以加入一个母乳喂养互助群，你所在的城市肯定有。

· 不，千万别这么做，对孩子不好。

· 从亲喂过渡到瓶喂，真的需要好几周的时间。

· 你可以通过冷敷缓解疼痛……

· 让你的身体来决定，只要它还在产奶，就继续亲喂。

· 突然断奶是不负责任的行为，你会伤害到宝宝的……

· 还是尽量亲喂吧，浪费优质母乳，多可惜啊。

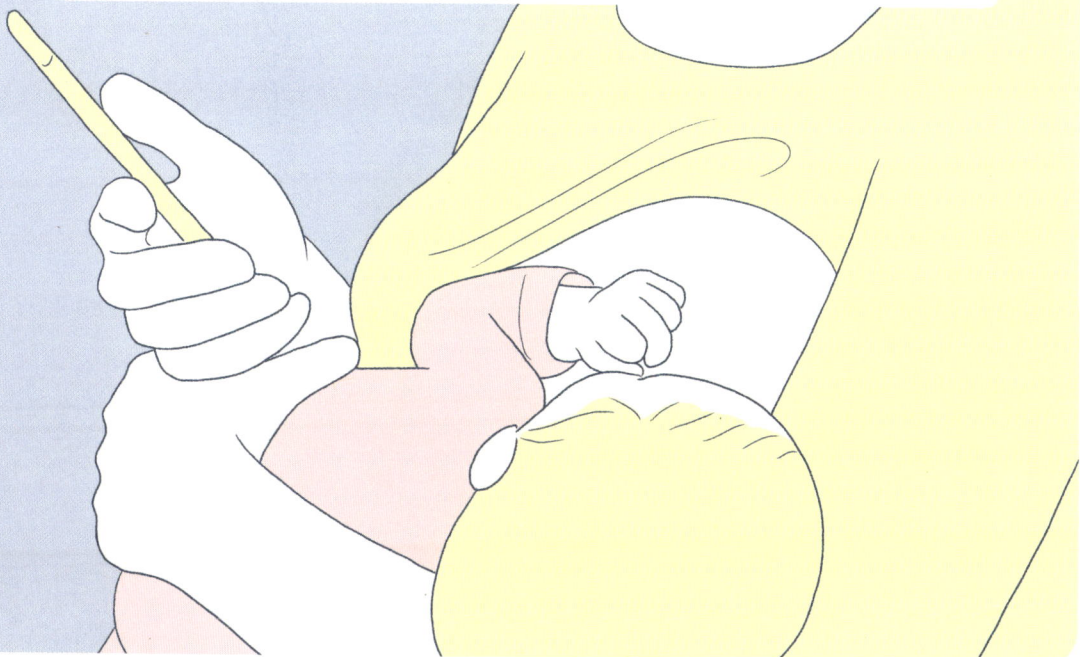

晚上好。

晚上好，这边请。

是这样的，我正在哺乳期，但我想给孩子断奶。我的乳头有裂口，很疼，我受不了了。

呃，是的，的确有。

我看网上说有种可以抑制泌乳的药。

我先测下您的血压。

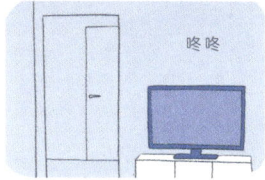

嗯，我已经很久没开过这种药了，我得确认下。

我马上回来。我车上有本药典。

好奇怪。

无所谓了。至少这男人没对我说教，他马上就同意了。如果是个女医生，她会劝我别断奶吗？还是不会？

好啦。

另外半片我留给您，您明天服用。然后，我给您开个处方，您至少需要服药两周。

如果您挤掉乳汁，身体就会继续泌乳。

……这是半片药，马上服用的。

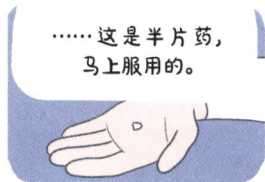

千万别尝试清空乳汁。如果疼的话，就冷敷乳房。

顺其自然，让乳汁从体内慢慢流失。

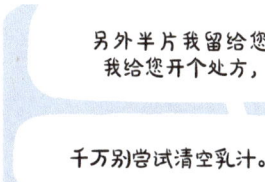

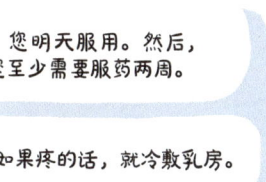

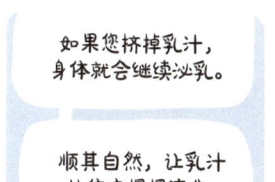

特别疼的时候，就洗热水澡、服用布洛芬，可以缓解疼痛。

我马上去药店。

你还好吗？

给你，处方。

嗯，现在好多了。

谢谢。

这样，要放30毫升水和一勺奶粉。

药店的人跟我说的是，用常温矿泉水。

奶瓶干净吗？

干净，我把奶瓶和奶嘴都用开水煮过了。

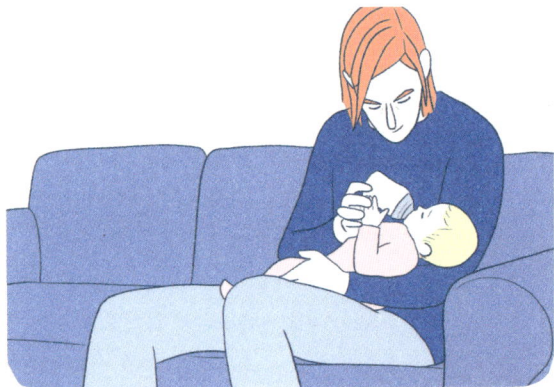

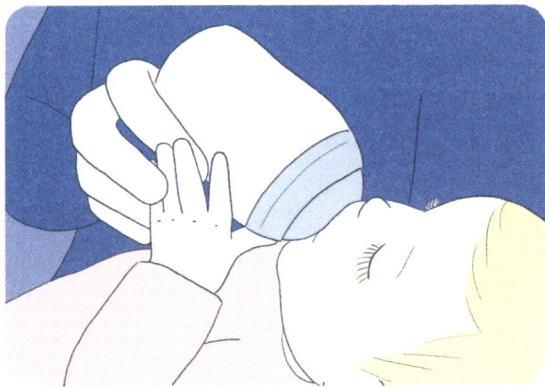

呜嘤嘤

小可怜，都没有过渡期。你觉得他把奶都吐了吗？

要不要重新喂一次？

你小时候也经常吐奶，宝贝。每次用奶瓶喂完你，你爸爸都在你面前准备个毛巾。

吐奶看起来吓人，但他会在胃里留一些的，别担心。

瞧，我之前都没想起来这些事。

我给他换个纸尿裤。

今天夜里也由我来喂他吧，如果你想的话。

好。

晚安。

晚安，妈妈。

72

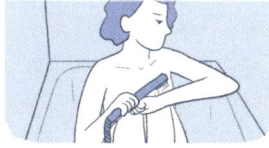

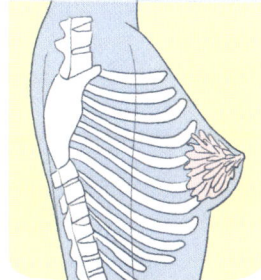

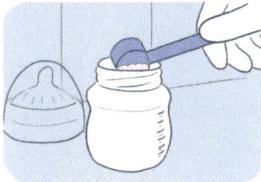

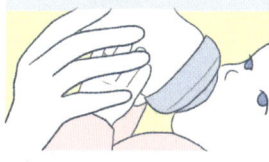

唉，真不想回去上班，我累死了……

太快了，这陪产假。

周末还被计算在内，过分……

反正我会早点回来的。

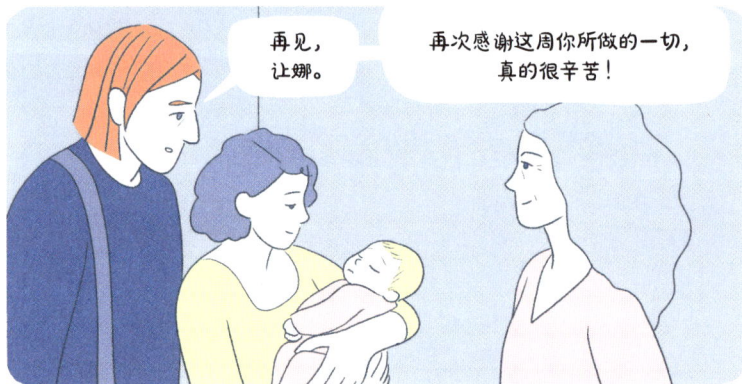

再见，让娜。

再次感谢这周你所做的一切，真的很辛苦！

哦，没事的，能跟你们一起经历这些，我很高兴。

谢谢你们让我住在这儿。

一路顺风。

谢谢。

晚上见。

好啦，我走之前给你买了新鲜面包。

冰箱里有饭菜。食品柜也都填满了。

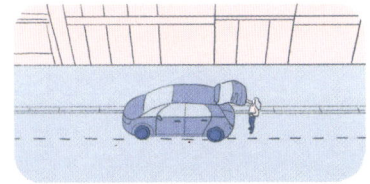

我们最初的"二人世界"……

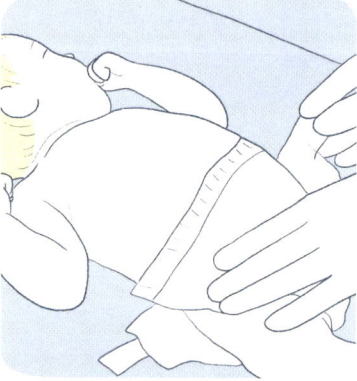

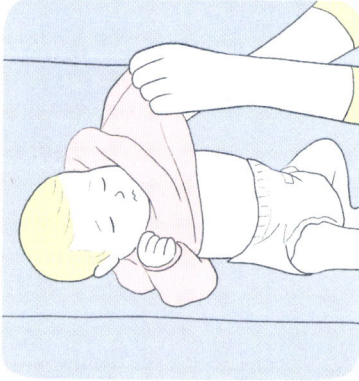

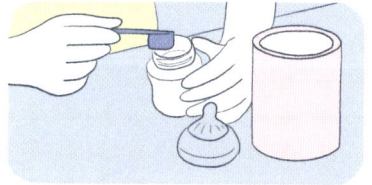

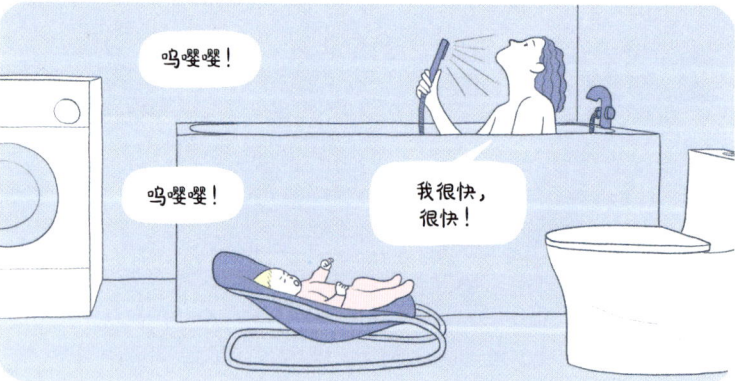

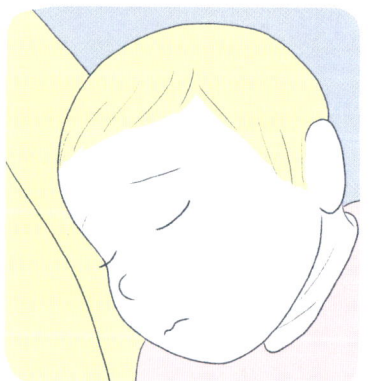

呜嘤嘤!

呜嘤嘤!

我很快,
很快!

76

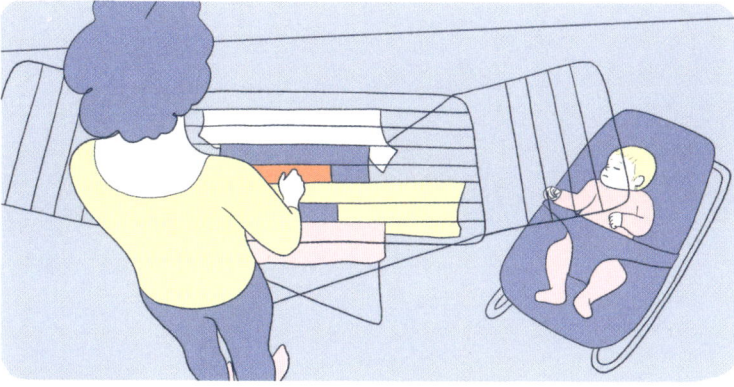

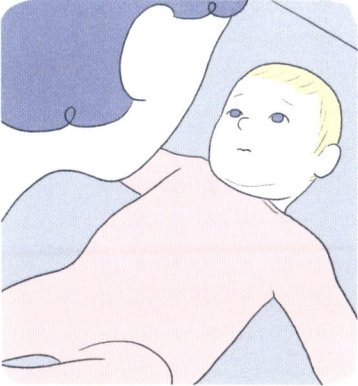
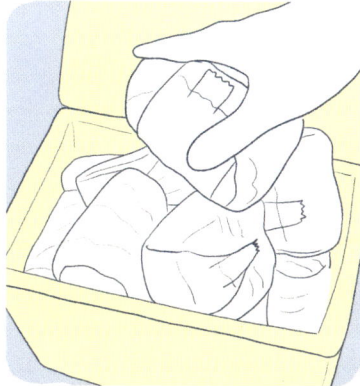

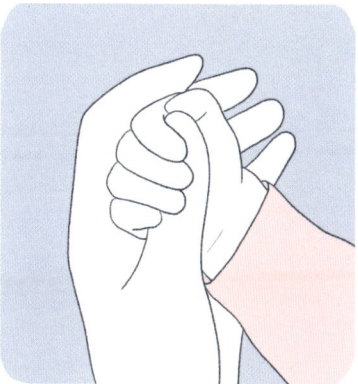

04
确诊

·················································

Le diagnostic

哈喽!!!

哇哦,好久不见!

他现在多大了?

一个半月。如果用专业说法,就是六周。

时间过得太快了!

哎呀,哪有,一点儿也不快!

哈哈。 你有照片吗?

他的头发几乎是白色的!

他太好看了,真的!

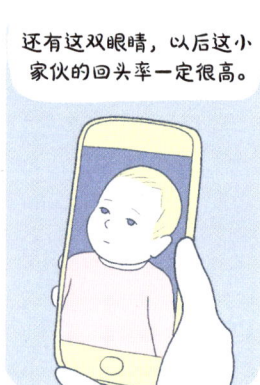

还有这双眼睛,以后这小家伙的回头率一定很高。

现在怎么说也比一开始强吧?

嗯,我应对得好些了,但说实话,真的超难。

而且,我很烦,我想赶紧回去工作。

白天都是我一个人,他很爱睡觉,我为数不多的交流对话都是关于宝宝的……

夜里呢?

还行,他能睡整觉了。

什么?オ一个月就睡整觉了?你知道自己有多幸运吗?

好像是挺幸运的。

所以，你就有时间写书呗？

说得容易，我有严重的拖延症。

我还得给他收拾，干完这些非做不可的事情后，我已经一点力气都不剩了。

那塞缪尔呢？

嗯，他搞得定。关于宝宝，我真的什么也不懂，我之前从没换过一条纸尿裤。

他呢，年轻的时候带过好几年的小孩儿。

不是小宝宝，但他还是比我要了解孩子。

即便眼下我带孩子比他多些，他要上班嘛，正常。

你什么时候回去上班？

还得三个月呢。感觉太漫长了。

九月份的托儿所，我们搞到名额了。

啊，太好啦！真难得。

嗯，我们给市政厅写了封超恭维的信。

我多请了一个月的假，塞缪尔也是，我们俩错开休假，这样就能坚持到开学了。

如果不得不选个保姆，那就难喽！

我总算是松了一口气。关于保姆，我听到过好多可怕的事。

其实保姆也有好的，但这个行业不太被认可。

你知道吗，我怀孕之前，有一次，从家里出来，我看到对面的人行道上有个小男孩，就他一个人。

差不多3岁。

一个老爷爷也看见他了。

拜拜。

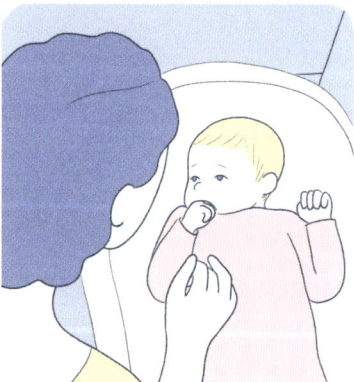

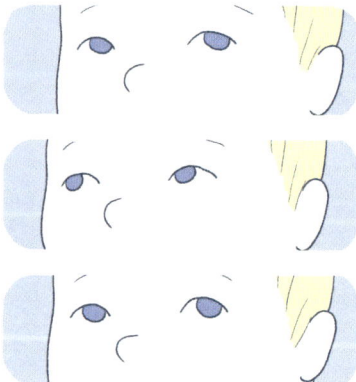

你有没有注意到他的
眼珠在来回扫视？

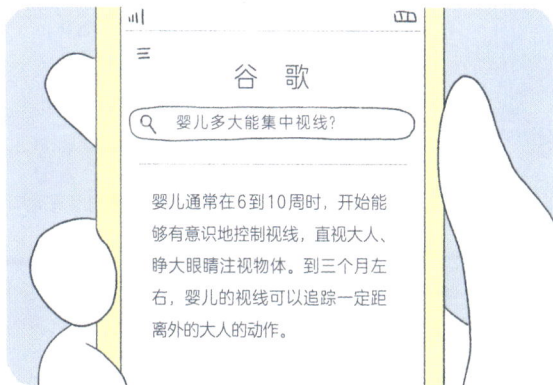

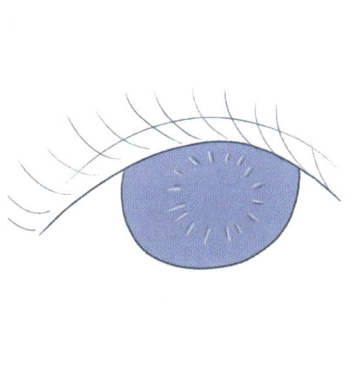

麦克斯?

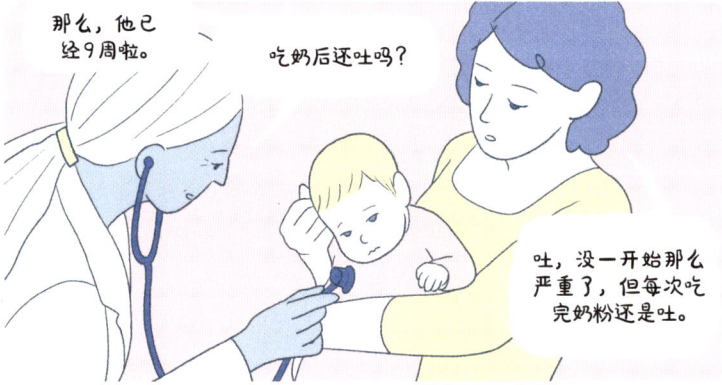

那么，他已经9周啦。

吃奶后还吐吗?

吐，没一开始那么严重了，但每次吃完奶粉还是吐。

来给他称下体重。如果他体重增长正常，身上也没有不舒服的地方，就不用担心。

这种胃食管反流，在婴儿中很常见。

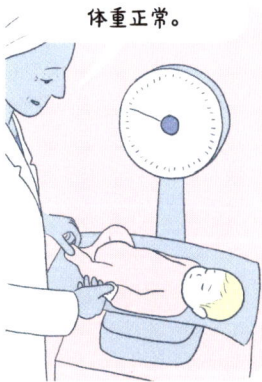

体重正常。

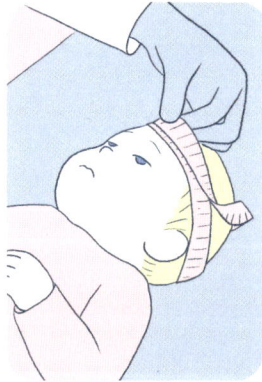

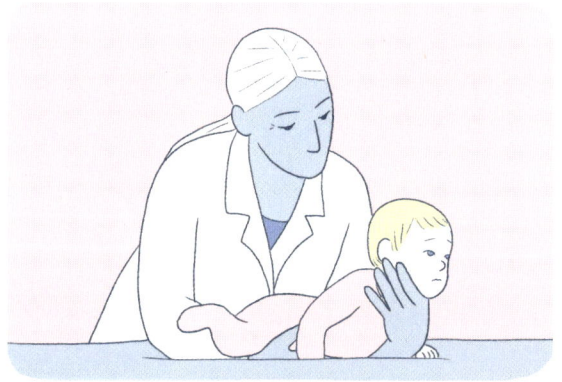

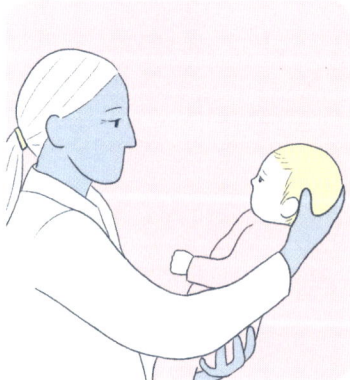

您知道多久后他能集中视线吗?

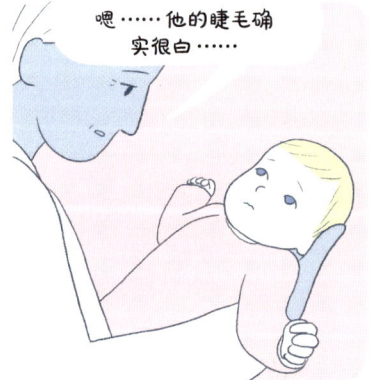

嗯……他的睫毛确实很白……

呃，我就是想让人给确认下。我给您推荐一位眼科医生。

占线……我回头联系她，给您约个检查，我今晚给您电话。

请坐，我帮您写封信，您到时候交给她。

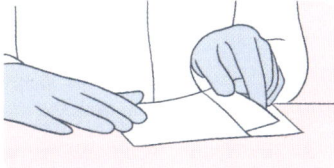

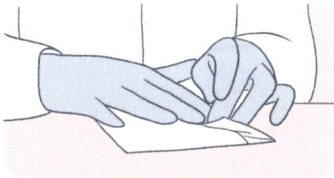

检查时请把这个交给她。

别的都没问题，包括体重、反应什么的，是个很活泼的宝宝。

见过眼科医生后，请把检查结果告诉我。

另外，我觉得可以尝试下抗反流奶粉。

我给您开一个，旁边的药店应该就有。

下次过来时看看是不是吐奶次数少些了。

祝你们今天过得愉快。

以后再也不会吐奶喽？哦耶！！！

丁零零

喂？

晚上好，我是芭洛医生，我联系上那位眼科医生了，给您约了下周的检查。

您现在方便记录地址吗？

好的，一秒钟。

谢谢，祝您晚上过得愉快。

怎么样？

一周后检查，周五十点，在二十区。

啊，糟糕，我去不了。

我带麦克斯去，别担心。

好的，我从公司过去的话，骑电动车大概三十五到四十分钟。如果真有事，你给我打电话就行。

我去冲印照片，这会儿不用浴室吧？

不用。

谷歌搜索：疾病 白色睫毛

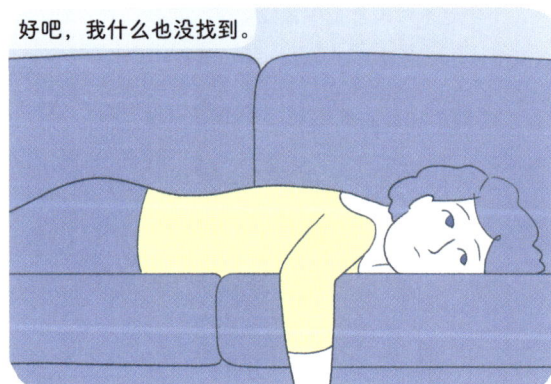
好吧，我什么也没找到。

你想看看吗？

好，马上。

这相机真不错！二手价格那么低，我真没想到它能拍出这么好看的照片。

伊尔福

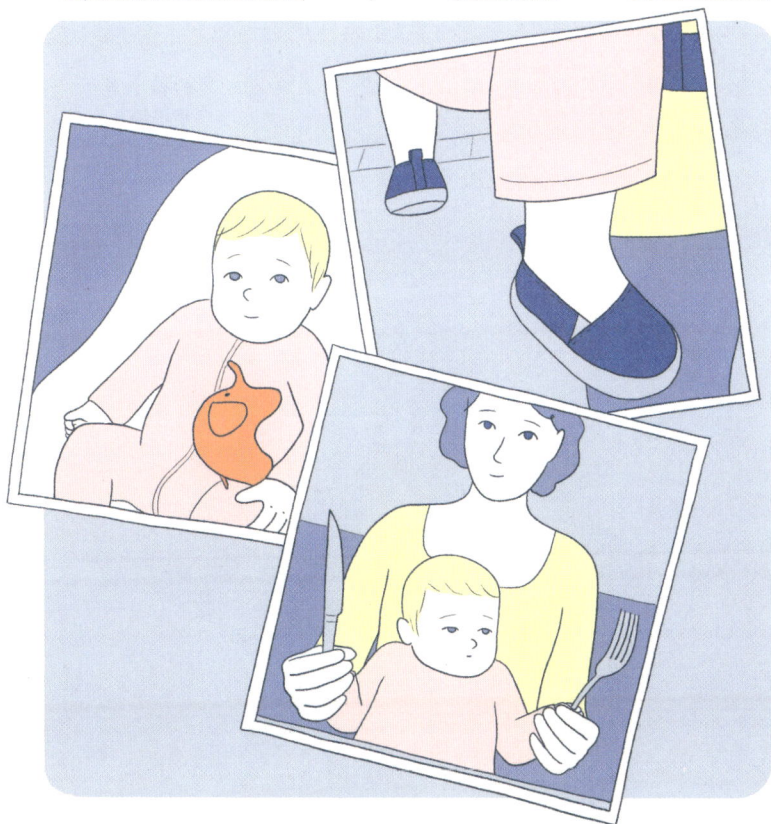

我们两个谁都没有想过要打开这该死的信封。

健康手册

眼科
周五
10点

89

这还是我头一回推着婴儿车乘坐公共交通来这么远的地方。

我把妈咪包装得满满的，什么都带了：吃的、纸尿裤、包被、口水巾、备用衣服……

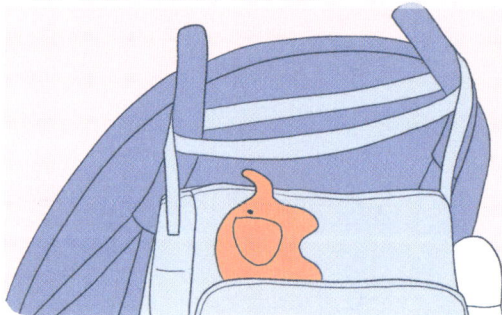

该您了，请把婴儿车留在这儿。

芭洛医生让我把这个给您。

请您坐直，抱住宝宝，让他背对您面向我。

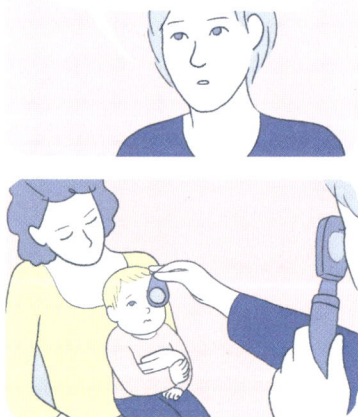

好吧，是的，真是这样……

您的孩子患有白化病！

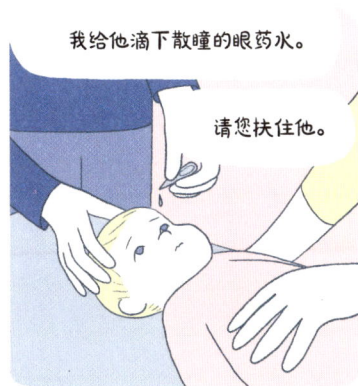

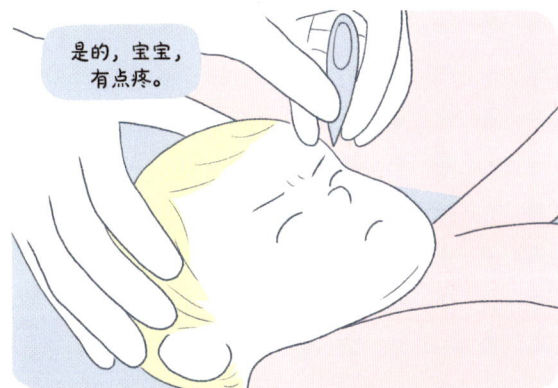

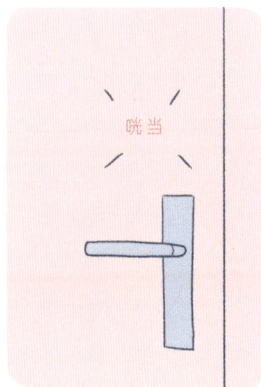

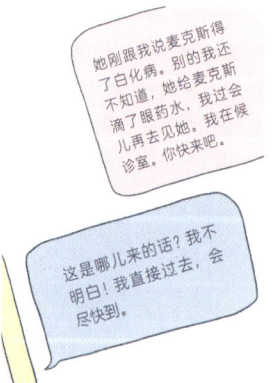

唉……

他多大了？

两个半月。

跟你有关系吗，哼？

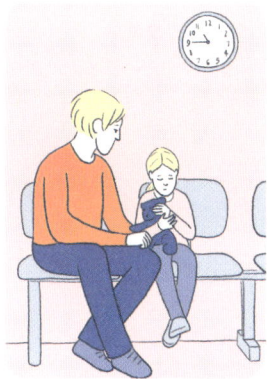

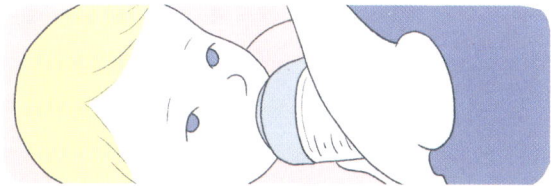

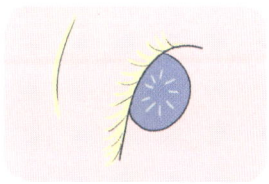

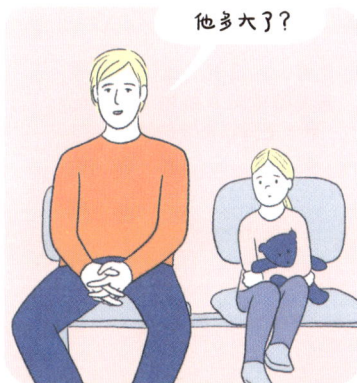

你们一个个的，都想知道她刚跟我说了什么可怕的事情，是吗？好，行，去你们的吧……

阿尔瓦罗先生？

您能过来吗？

93

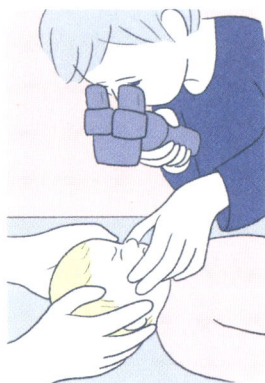

嘘，没事。

嗯，我给您解释下，这是一种遗传性疾病。

白化病患者体内没有黑色素。

我们眼底有种细胞叫视锥细胞，有了它们，眼睛才能看到远处的东西。

他没有足够多的视锥细胞。他永远都看不到远处的东西，戴眼镜也看不到。

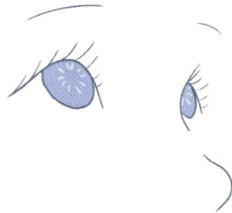

他还有一种症状，叫眼震：眼睛左右扫视。

扫视的速度因患者而异，但等他大一些了，如果有必要可以手术治疗。

不管怎样，以后都得给他配戴眼镜，来缓解近距离视物疲劳，也用于干预散光等问题。

不过，在六月龄前，这些什么用都没有。

但是，您得给他买副太阳镜。

白化病患者都怕光：如果光线过强，他们会感到眩晕，并出现头疼症状。

所以，您得给他买婴儿专用的太阳镜，四级透光率，不可以低于这个，不要买杂牌子。您去一家正规的眼镜店，好吗？

您家或者孩子父亲家有白化病患者吗？

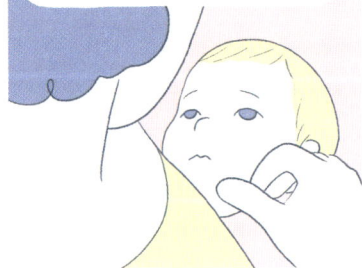

没有，没人有这个病。我从没听说过。

尤其重要的是，防晒霜也得给他涂。

他的皮肤内没有黑色素，所以惧怕紫外线。

您知道，这是一种残障疾病，比如他以后不能开车，但除此之外，他可以像正常人一样做很多事情。

他有视觉障碍，他看不清楚，但是能看见！

等他到了六月龄，您过来找我给他配副眼镜，好吗？

关于残障问题，您再找下您的儿科医生，没事的。

你跟公司请假是怎么说的？

我儿子检查时出了点儿问题，我得去一趟。

别的我什么也没说……

好啦，去小广场的咖啡厅坐会儿，在那边……

我骑着电动车过去找你，好吗？

好。

然后，她对我说，等麦克斯满六个月的时候，再回来找她……

……剩下的问题都去看儿科医生。

她还提到了"残障"……

他有视觉障碍……

见鬼。

我喜欢的所有东西都跟视觉有关：书、电影、展览，就连我的工作都是视觉创作……

都是些我没法跟他分享的东西……

而且，我甚至不知道自己还能不能工作了。

你还记得你做的唐筛抽血吗？

记得。

咱俩说好了没法接受身体有缺陷的孩子，会做好决断什么的……

结果现在却出了这种事。

真是完全想不到。

咱们得告诉父母和兄弟们。

我今晚发封邮件。

其他人就都不要告诉了，你觉得行吗？我没那个勇气。

不告诉朋友，也不告诉同事。

好，行。

周日的野餐，咱们还去吗？

啊，见鬼，我给忘了。

我不想去，但野餐也是为了给保罗过生日，而且，他们还没见过麦克斯呢……

那咱们去吧，但什么也不说。

你自己坐有轨电车回去行吗？

行，别担心，回家见。

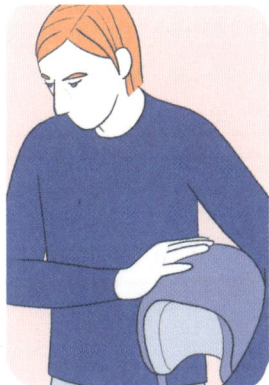

我们当然超爱他，这个心肝宝贝！他好可爱！亲吻你们三口人。

哦，小宝贝！重要的是，他健康、活泼。即便出了这件事，但他依然惹人喜爱，我们也会继续深爱着他，就像现在一样。如果有新消息，随时告诉我们。只要我们能帮上忙，你们随时开口哈！

可爱的小宝贝，微笑起来那么甜。我想赶紧见到他，摸摸他，亲吻他亲出声来。向你们一家三口道晚安啦，么么哒。

——妈妈

消息已收到。你知道的，我们本来就有些担心小可爱的眼睛，虽然最终确实出了问题，但从你的描述看，情况也没那么糟糕。作为父母，我们的角色就是这样，沟通交流，倾听你们的烦忧，在必要时，坦率真诚地给出建议和支持，即便并没有什么大事发生。不过，咱们最好还是详细聊聊这件事，我明早电话联系你，亲吻你们一家三口。

——爸爸

好吧。我看了你发的链接里的病患陈述。确实会有些令人烦恼的事。但我对他的爱不会有任何变化。我永远都是他的依靠。

出来买东西，身边却没有麦克斯，这让我感觉特别奇怪。

人们往往意识不到独自逛街有多自由，没有童车、没有孩子……

好吧，去看看……

−10%
防晒产品

麦克斯是个男孩儿，如果我有个淡金黄色头发、先天视障的女儿，如果她身后有这些打量她的人……

请您支付二十欧元。

迪卡侬

视光中心

您好，我想买婴儿太阳镜，四级透光率。

四级的话，没有三级的款式多。您稍等，我去看看库房里都有哪些。

我们只有一款四级透光率的了。

他好像要去滑雪哎。

松紧带别调太紧，只要保证他没法轻易摘掉眼镜就行。给他继续戴着？

哦，他真是一头金发，是像爸爸吗？

为什么总有人多管闲事？

看这小太阳镜！

明星范儿十足哩，是吧?!

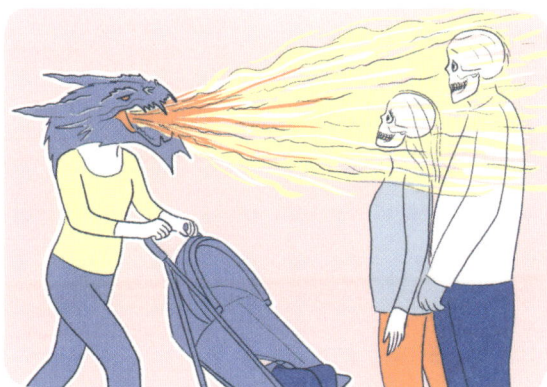

他珍珠色的头发，那么光亮，那么美，吸引了所有人的目光……

…… 如今却变成了闪烁灯，激发着路人不怀好意的好奇心。

他那双蓝色的眼睛，带着星辰般的独特渐变……

…… 如今于我而言，却只剩下令人担忧的、无休无止的扫视。

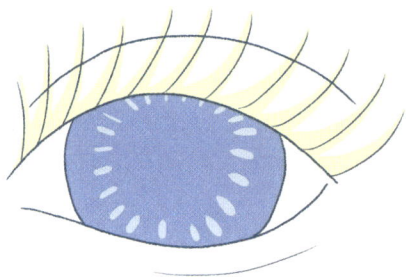

他又长又白的睫毛，布娃娃一样的睫毛……

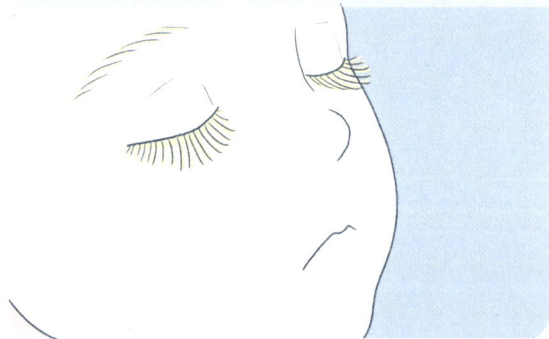

…… 如今却让我得知，即便是金发碧眼的人，也不可能有这么白的睫毛。

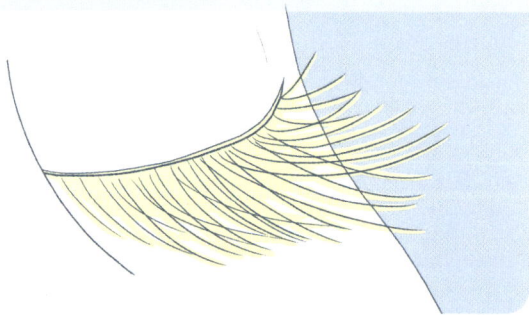

以前，我为他与众不同而感到无比自豪。在我眼中，他的独特之处是那么美丽，那么引人注目。

现在，我却在想：所有人都注意到了他的与众不同，但他们关注的却是其中的问题和异常。

谷歌搜索：

有个白化病孩子

养育白化病孩子

关于白化病的书

Books about albinism

关于白化病的电子书

《 Raising a child with albinism 》

谷歌搜索：

儿童防晒霜

防晒霜对比

有机防晒霜测评

化学防晒/物理防晒

罕见病及癌症防晒霜

长效防晒霜

谷歌搜索：

激发视障儿童的视觉感知力

视障儿童的启蒙

视障儿童的玩具

音乐和发光玩具

婴儿高对比度几何图案吊饰

高对比度图画书

GENESPOIR
法国白化病协会

论坛

新消息：

大家好，我们很快要和一位助理育儿员见面，沟通孩子九月份入托的事，我已经开始担心她会有什么反应了。我不知道老师们是否接受过照顾特殊儿童的培训，也不确定她能否以正确的方式带孩子，但我最担心的是她会在孩子面前表现出排斥。我们是在得知孩子生病之前获准入托的。请问大家有什么建议吗？

103

啊，他们在那边。

没问题吧？

咱们什么也不说。

啊，最帅的那个来喽！

我们终于能见到宝贝啦！

哦，他可真好看，头发金黄金黄的！

嗯，塞缪尔小时候就是这样，还有我爸爸也是。

还有这透明的小睫毛。

太好看啦！

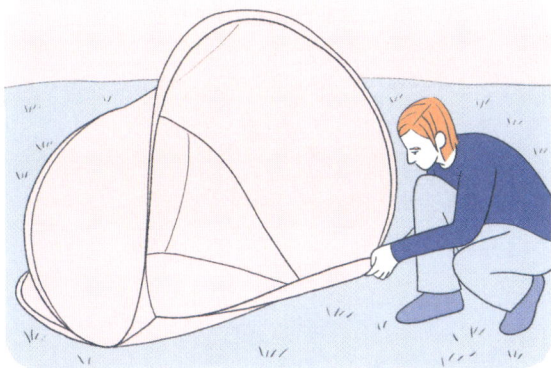

麦克斯宝贝，
公园里最靓的崽！

跟朋友们聚合还好吧？

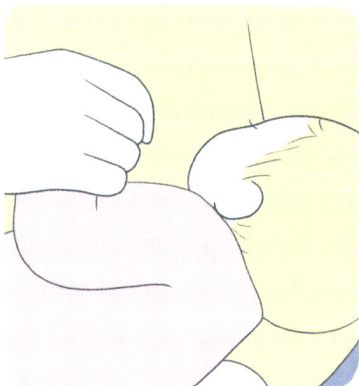

我们什么也没提，其实就是跟以前说的一样，说我小时候头发也是金色的。

没什么好难为情的，情况就是这样，他要这样成长、生活的……

你感觉要哭的时候，应该把他放下。

他在你怀里能感受到你很难过。

我去把他放到床上。

在协合的论坛里，有不少妈妈回复我，好几个还提出要跟我邮件交流，甚至约我去见见她们和她们的孩子。

有一个妈妈住在南方，她家宝宝跟麦克斯一样大，以后的每个重要阶段，我们都可以互换下信息，挺好的。

下周我就要去见个妈妈，之后塞缪尔也会一起去。

嗯，挺好的，你也可以跟那些孩子聊聊。

对。我已经收到一些建议了……

……给他看些对比强烈的书或玩具，比如黑白色的……

……在他房间里放东西时，放得离他近一些，往墙上挂东西时，也挂得低点儿，好让他看得清楚些。

还有经常跟他说话，向他描述我做的所有事，告诉他我们要去哪儿，周围都有什么……

他肯定没问题的。你们已经在尽一切努力了。

好啦，吃点儿东西吧。

我自己带着麦克斯见了保罗和他的母亲艾斯黛尔。

保罗是个年轻人，长得帅，很会打扮。他从高中开始就戴起了隐形眼镜，这样他就可以戴没有度数的太阳镜了。他的眼睛几乎没有扫视的症状，为了缓解疲劳，他做过治疗眼球震颤的手术。

小时候，他在学校很容易累，但这并没有阻碍他考入巴黎政治学院（考试时他享有额外的延长时间）。他不涂防晒霜，更愿意穿戴能遮盖皮肤的衣物。

趁他妈妈去洗手间的时候，我傻乎乎地问了他一个问题："在谈恋爱这方面，是不是更难些？"

他回答说"也没有"，但他记得上初中时，有位女士曾跟他说，自己的白化病儿子是个花花公子，他听了很受用。

他的妈妈告诉我，应该去MDPH（法国省级残疾人之家）申请残障认定。我之前从没听说过这个机构。

和塞缪尔一起，我们见了凯茜以及她的两个孩子：蒂梅欧和诺拉。我们一眼就在人群中认出了诺拉。诺拉的头发是红棕色的，初见之下，很难想象她患有白化病。凯茜告诉我们，白化病有不同的类型，有些人只有视觉障碍，没有皮肤问题。她的女儿也需要涂防晒霜，而且视力不如她哥哥。

她建议我们带麦克斯去特鲁索医院*诊疗。这个医院擅长白化病治疗，在那儿既能看眼科，也能看皮肤科。

她的公公是白化病患者，所以儿子刚一出生他们就知道有问题了。但他们还是给两个孩子做了基因检测，以便了解所患的白化病类型，尤其是为了知晓女儿的情况。

看到她的孩子们在其他孩子中间正常地跑跳玩耍，我们心里舒服了很多。

* 特鲁索医院：全称 Hôpital Armand-Trousseau，巴黎一所有名的儿童医院，以医生阿尔芒·特鲁索的名字命名。

接下来，我们去了卡洛尔家，见到了她的父亲大卫和女儿艾莉。说起来挺有意思的，我是带麦克斯在街上溜达的时候碰见了大卫，他主动邀请我们去喝下午茶，说这样我们就能好好聊聊了。

艾莉在一所盲人学校读小学一年级，学习盲文。她的视力是0.02，无法集中视线，但并不影响她在家中活动自如。

大卫告诉我们，他戴眼镜的视力是0.2，看电视、去电影院都没问题。不过，他更喜欢黄颜色的字幕，因为"现在的字幕是白色的，还变小了，看起来更费力些"。

作为一个白化病患者，他的生活其实和大家没什么不同。他小时候和妹妹一起上普通学校，没有任何适应措施。不过卡洛尔补充说，爸爸手上经常需要切除癌细胞，因为以前没有涂防晒霜的习惯。

大卫还说，他认识的所有白化病患者都非常聪明，可能是因为他们从小受到的激发启蒙更多些。

最后是玛蒂尔德，一位来自Genespoir协会论坛的年轻女性，她主动提议来我们家聊聊。她戴着隐形眼镜，矫正视力是0.3。玛蒂尔德向我们描述了她在我们家能看到的东西以及清晰程度。她看手机时离得特别近，但她说手机完全改变了她的生活。用相机的放大功能可以看清路标，再加上GPS，她能做很多以前没法做的事。

小时候她住在乡下，整天都在户外骑自行车。只要做好防护，麦克斯也可以像其他孩子一样生活。

现在，她是个工程师，整天对着电脑工作，用适合她需求的系统放大文本。由于住在城里，她并不介意不能开车。她的一些视力正常的朋友也没有驾照。她和她的伴侣正打算要个孩子，她并不担心孩子也可能是白化病患者，她知道该怎样抚养。

我再也不想见协会里的其他人了，我更想等麦克斯长大后，看他自己的需求是什么。

能向他们取取经，还是挺好的。

那是当然，但白化病患者的情况各不相同。在我们搞清楚他的视力情况前，提前预判没什么意义。

我会继续跟其他妈妈们交流。我还是倾向于未雨绸缪，想尽办法做好他的激发启蒙。给你看过的那些高对比度的东西，我已经下单了。我觉得，现在能提前了解到的一切都很重要。

随你吧。

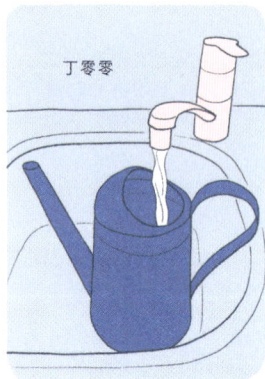

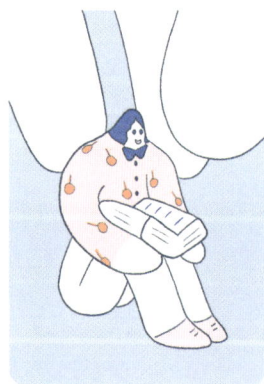

我不想跟任何人说话。

只要有人问我麦克斯好不好，我就会忍不住掉眼泪。去开幕酒会简直是找死。

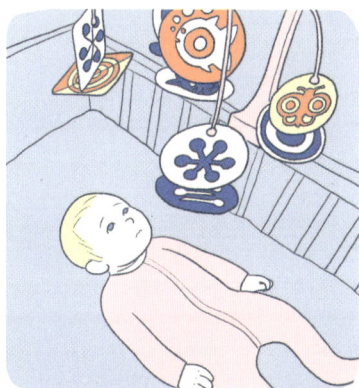

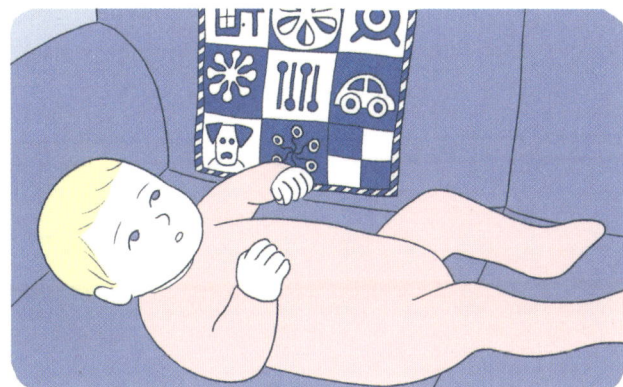

塞莱斯特

我的开幕酒会在周四晚上，你来吗？

塞莱斯特

我太累了，这次就不过去了。多多拍照，回头讲给我听。总之，祝贺你！

黑白红

05
离巢

Sortie du nid

麦克斯四个月了。我得去趟特鲁索医院,只为预约(两个月后的)眼科和皮肤科的检查,因为他们的电话确实很难打通……

我倒可以带着麦克斯溜达溜达。

在城里,推着婴儿车,就等于变成了一个行动不便的人……

人行道的高度,还有铺设的砖块……

健健康康的人,偏要走人行道的坡道口(如果有坡道口的话)。

商店门前的台阶……

自动扶梯……

地铁站的楼梯……

还是算了吧!

配备升降电梯的地铁站少之又少……

故障

公交车的高度……

所以,我再次乘坐有轨电车:没有障碍,没有台阶。

114

啊，太好了！有座位。

见鬼，就那儿有空座……不管那么多了，反正我得坐会儿了。

他肯定会来烦我，我确定……对麦克斯评头论足……

他真可爱。

四个月了吧，对吗？

115

你们雇人带他吗？

不，我还有一周就回去上班了，然后他爸爸休一个月的假，这样我们就可以坚持到托班开学了。

啊，所以这是您最后几天产假了，真不容易！

我女朋友上半天班，她工作时，由我来带孩子……

她觉得重新回去上班还挺不容易的。

是啊，这周会很快过去……

我下一站下车。

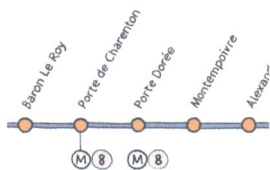

开工加油！

谢谢，希望抬高床头的方法能管用。

哈哈，嗯！

祝您今天过得愉快。

是啊，最后的散步……

Baron Le Roy　Porte de Charenton　Porte Dorée　Montempoivre　Alexan~

M 8　M 8

117

好啦，我该走了……

你没事吧？

我想回去上班，但不想见到同事们。

他们会问我关于麦克斯的问题，我还得假装一切都好。

我已经习惯了每天跟他在一起，白天见不到他，会让我感觉很奇怪。

没事的！把孩子给我吧。

好吧。

好啦，我走了！说不定，我都不知道该怎么工作了，怀孕的时候死了那么多脑细胞！

唉，胡说八道。行啦，快走吧！

让我们两个男子汉共度一天吧。

地铁

咦，真奇怪，我不记得地铁里有气味呀。还是股特别大的味儿！

我已经好几个星期没坐地铁了……

嘿，阿曼迪娜！
你回来啦！

你有宝宝的照片吗？

有。

哇哦，太好看啦！

看这头发，真可爱！

嗨！

哈喽！天啊，你瘦了吧？我是说跟怀孕前比。

啊，也许吧……

累的……

是啊！这么明显，你瘦了好多！

我们要看照片！

快给我们看看宝贝！

长得真像个天使！

你先安顿下，给无数封邮件做下分类处理，然后我再跟你说这周的工作安排，可以吗？

好的，没问题！

你的小宝宝太可爱了！

一切都顺利吧？

不提细节，就没有眼泪。

嗯，顺利。

唉，我已经开始想他了……想他柔软的头发，想他身上的肉肉，还有他淡淡的气味。

那味道，我觉得是……咸黄油的味道。对，他身上就是这个气味。

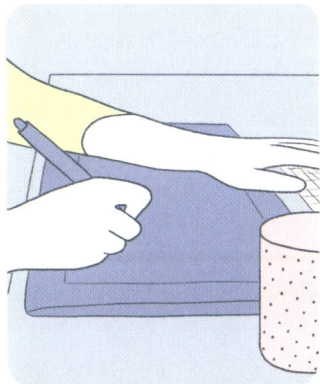

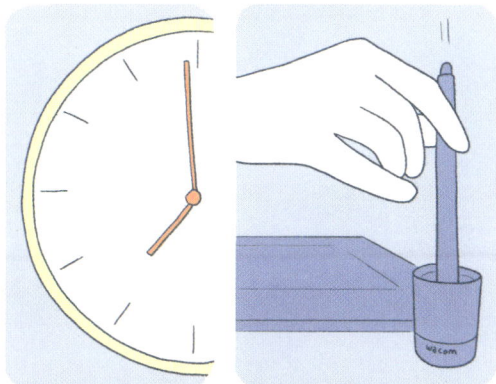

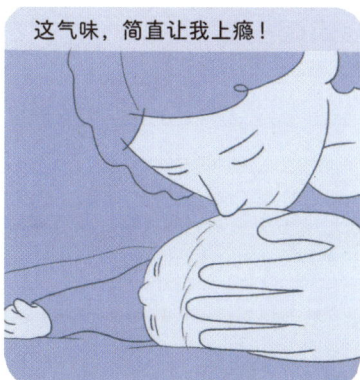

明天见！

这气味，简直让我上瘾！

今天还好吗？

嗯，提起麦克斯时我没讲任何细节，工作也慢慢开始捡起来了。你呢，今天过得怎么样？

还行吧，没什么特别的。我终于明白为什么我下班回来时你无话可说了。

咱们点日餐外卖？

好的呢。

您好，我们约了处长，见孩子未来的托管老师。

巴黎市政府 家庭与幼儿管理处

集体

托儿所

好的，二位这边请，处长马上过来见你们。

希望她不要因为白化病拒绝他入托。

你觉不觉得咱们应该在电话里提前跟他们说一声的？

不，还是当面解释好些，带着麦克斯。

你们是麦克斯的家长吗？

是的。

请进，请坐。

给二位介绍一下，这位是佩蕾拉女士，她负责带麦克斯。

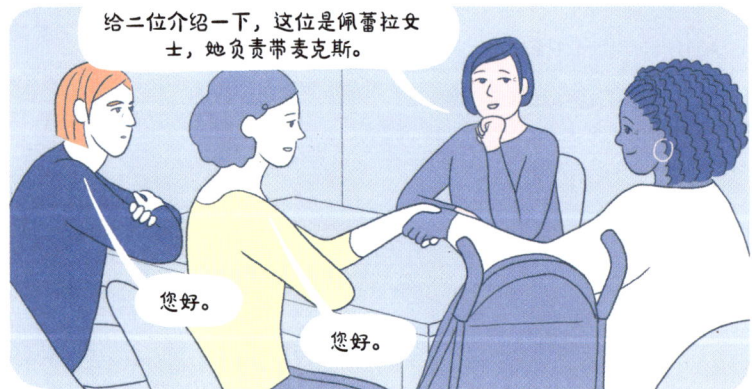

您好。

您好。

122

请叫我纳迪娜。

这是麦克斯。

你好呀！

那么，像之前跟您在电话里说的那样，我们是个家庭性质的托儿所，也就是说，孩子们平时的托管地点是助教的家里，每周有一次，所有孩子都来托儿所参加活动。

嗯，非常好。

您带他的健康手册了吗？我得看下疫苗接种记录。

给您。

健康手册

不过，有个事，我们申请入托时并不知道，所以想等到会面时再告诉您……麦克斯有残障疾病。

其实，也不是特别严重的残障。

他是白化病患者。

他得在六月龄时佩戴眼镜，因为他视力非常差。即便戴着眼镜，他也看不清远处的东西。

出门前，得给他涂上防晒霜，如果长时间在户外，每两个小时就得涂一次，因为他体内没有防御紫外线的黑色素。

嗯，我知道一些。

没问题，法律规定，所有孩子都有权利入学、入托。

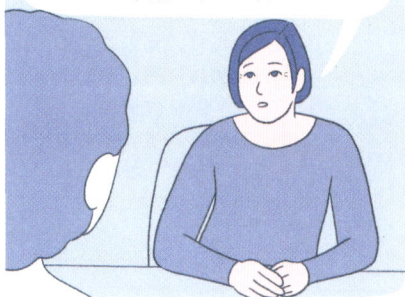

对于需要特殊陪伴的孩子，我们有个性化托管。这是要填的资料。

请在资料里详细填写麦克斯的需求，我们双方签署后，托管助教或者照看麦克斯的其他人，必须按照里面登记的去做。比如，我们这儿有食物过敏的孩子……这些也都记录在个性化托管的档案里。

如果有必要，我们也可以请外面的专家来托儿所，比如心理学家、精神运动治疗师等等，可以针对麦克斯的视力问题进行行走训练什么的……

太好啦。

跟我在一起的宝宝们都成长得很好，不会有问题的！我能抱抱他吗？

还有些事要跟您说一下。

佩蕾拉女士的资质可以同时带两个孩子，如果有助教生病，她也可以带第三个。所以，麦克斯会跟一个大孩子在一起。

他叫柯朗坦。一年后上小学一年级。他像麦克斯这么小时，我就开始带他啦。

托儿所提供餐食和教具，比如玩具、图书等。请告诉佩蕾拉女士你们给麦克斯喝的是什么奶粉，保证他喝的奶粉跟家里的一样。

是一种有机奶粉……

我家那条街上有家有机商店……

纸尿裤由家长自备。一开始可以带两包过去，佩蕾拉女士会在第一包用完时通知您再带一包新的，这样能确保始终至少有一包可用。

防晒霜，也是由您带过去。

在个性化托管资料里，有一部分需要儿科医生填写，指明使用的是什么防晒霜，以及麦克斯的其他需求。

关于托管时间，你们有什么需求？

最长是几点到几点？

我们可以从9点开始托管，最晚到18点。但如果条件允许，我们会建议家长要么晚送要么早接。

呃，我们两个都上班，就连这样的托管时间，我们都得想办法安排下，所以不可能提前来接他……

我们两个轮流提前下班，保证18点时有人接他，不过，再早些就太难了。

这样的话，他的一天太长了，他会很累的。

我们是真没办法。

那我就记录9点到18点，回头如果你们想改，我们可以做变更。

会有一周的适应时间：第一天，托管一个小时，由家长陪同；然后是半天家长陪同，半天没有家长；第三天，托管时间也比较短。

我得跟公司说下，我已经没有假了。

125

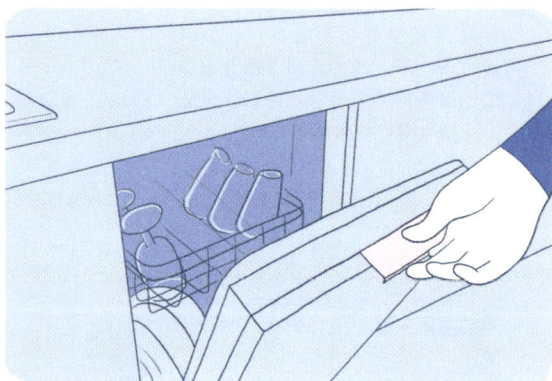

我今天终于见到老板了，他已经推了好几次了。

怎么样？

嗯，我跟他说了托管的时间，告诉他咱们俩轮流负责接送。

……每周有两天，我早到早走，好去接麦克斯……

……另外三天，我负责送孩子，晚上可以留下工作。

听到这话后，那家伙就逐字逐句地对我说：为什么不是你老婆每天接他？

等下。

什么？

我和你的反应一样，震惊！那家伙也就三十岁。

我对他说：你知道，我老婆也在上班，工作时间跟咱们一样……

她提前下班也很困难，而且，每周她还比我多接一天孩子。

然后，他就问我，为什么不雇个晚上帮忙接孩子的年轻人。

就好像我们交完托管费还有钱似的。

嗯，我就是这么跟他说的，说费用很贵，而且我们生了孩子总不能老不陪他吧。

真是难以置信。可那家伙自己也有个孩子吧，不是吗？

是的，孩子是去年出生的，他老婆刚一怀孕就不上班了。

他们家不需要两份工资……

就算不需要钱，我觉得我也不会不工作的。

现在已经不是五十年代了，该死！

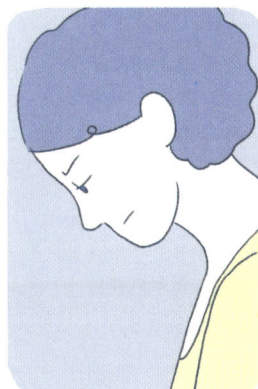

我太生气了。就在那家伙说教你的时候，我每天五点就得下班去接麦克斯。

对我的同事们来说，五点钟还是下午呢！

我中午用十分钟对着电脑把饭吃完，完全没有午休……

……收拾东西准备走人的时候，我感觉自己在别人眼里就是个什么也不干的女人。

他们比你晚到，根本意识不到你来得早，你在他们来之前就开始工作了。

甚至有些项目我都没法做了。显然，如果客户习惯于晚上六点半给你打电话提修改意见，那就彻底没戏了……

但换个角度想，这也不完全是坏事。

不过，我的一些项目肯定不会像以前那么有意思了。

而且，我觉得我做不到等麦克斯睡着后 再挑灯夜战。

总之，就算我真这么干了，也是为了做自己的书。

我感觉从前的生活离我好远……

以前，我并没有意识到，这一切都是为了让妈妈们觉得自己很糟糕。

你没有花足够的时间陪宝宝：糟糕。

你没有花足够的时间工作：糟糕。

包括你老板在内的所有男人，他们也都有妈啊……

他们很幸福，因为曾经有妈妈陪伴他们、养育他们，给他们揩屁股。

他们真该想想，怎样才让妈妈们过得轻松些。

唉。
该死。

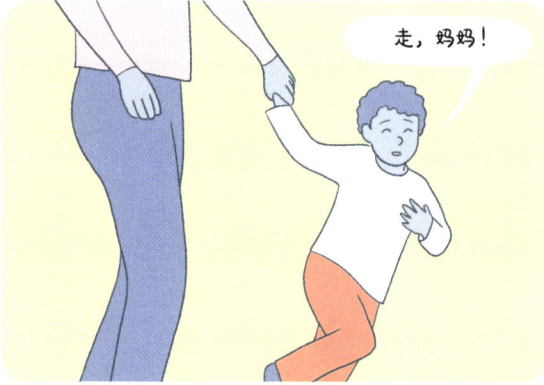

走，妈妈！

再见纳迪娜，再见克劳德，再见奥黛丽，
再见弗雷德……

明天见，柯朗坦！

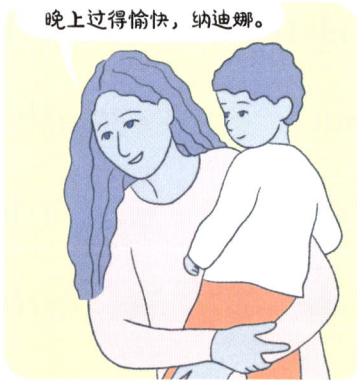

晚上过得愉快，纳迪娜。

好啦，咱们走
吧！回家喽。

晚上好，阿曼迪娜。
我们一家子，孩子
们全都认识。

对我来说，柯朗坦是
个特别大的孩子，我
实在想象不出这样的
麦克斯。

哈哈，他很快就会长大的。

是吧，麦克斯？

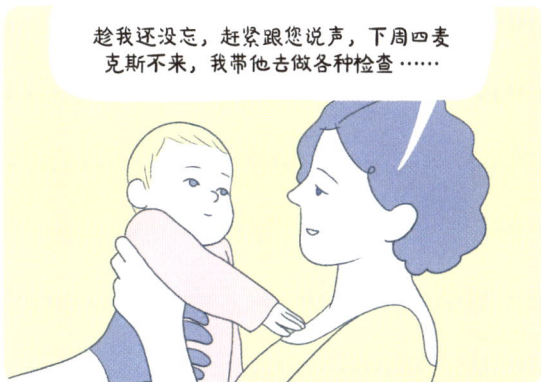

趁我还没忘，赶紧跟您说声，下周四麦克斯不来，我带他去做各种检查……

……查眼睛、皮肤，肯定还得选副眼镜，因为他已经满六个月了。

希望他的视力没什么大问题。

别担心，现在就能看出来，这个宝宝很聪明，发育一点儿也不迟缓。

他肯定会茁壮成长的。我的每个孩子带得都很好。他们甚至会在长大后回来看我，有上幼儿园的，或者小学一年级的，还有更大的孩子呢！

有个十八岁的大小伙子回来看过我……吓我一跳！哈哈。

柯朗坦对我来说已经很大了，这个嘛，就完全超出我的想象力了，哈哈哈！

谁要戴上漂亮眼镜了呀？是麦——克斯！

# 06
## 照护

..................................................................

L'Accompagnement

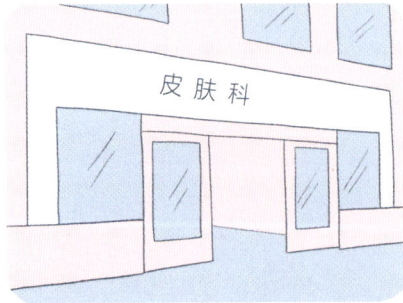

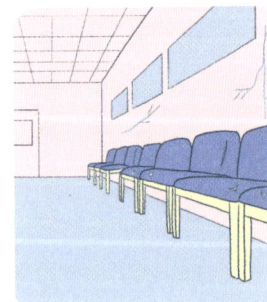

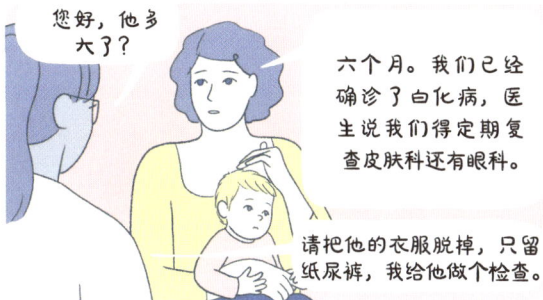

您好，他多大了？

六个月。我们已经确诊了白化病，医生说我们得定期复查皮肤科还有眼科。

请把他的衣服脱掉，只留纸尿裤，我给他做个检查。

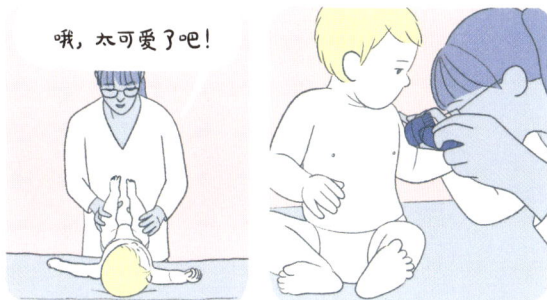

哦，太可爱了吧！

一切正常。目前他还小，所以每两三年复查一次就行，除非您发现了什么问题。再晚些时候，得检查下他的痣。不过现在不急。

他的痣？他没有痣呀。

有，只不过是粉色的……

您看，这个，就是一颗痣。

目前，每年至少有六个月的时间都要涂防晒霜。冬季及冬季前后，没必要涂，因为紫外线非常弱。您注意关注紫外线指数，一旦发现指数攀升，马上使用防晒霜！看着没有阳光的多云天气也不能掉以轻心，要时刻查询紫外线指数！

有时，虽然阴天，但还是有紫外线的。我每次都跟病人重申，最好的保护是：
1. 穿棉布材质的：长袖衣服和防晒衣物。
2. 避免12点到16点的阳光。度假时，在这个时间段午休或者进行室内活动，傍晚的时候再洗海水浴。

防晒霜是挺好的，但大家涂的量往往不够。而且需要每两个小时一涂，否则就不起什么作用。

听说有种可以坚持一天的防晒霜，但儿童版明确说明一岁以上才能使用，您怎么看？

在托儿所，由于需要不停地给他涂防晒霜，老师已经有点儿烦了。

最好使用婴儿专用的防晒霜，等他满一岁后再用那个吧。就算使用那种长效防晒霜，如果出汗或洗海水浴，还是得重新涂的，而且需要涂抹足够的剂量。没有百分之百的保护，不存在的！

目前，得让托管老师定时给他涂防晒霜，没别的办法。

眼科

法里德？

只能有一个人陪着孩子，婴儿车留在这儿。跟我来。

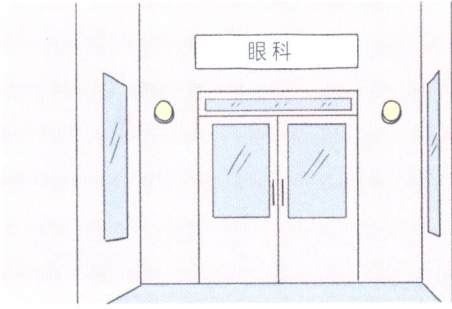

她看起来不太随和哎！我一会儿看着婴儿车。

麦克斯？

在！

一会儿见。

他被确诊了白化病，医生让我们等他满六个月后给他配眼镜。是个白化病孩子的妈妈推荐我们来这儿的。

好的。

请坐，让宝宝坐在您身上，面向我。

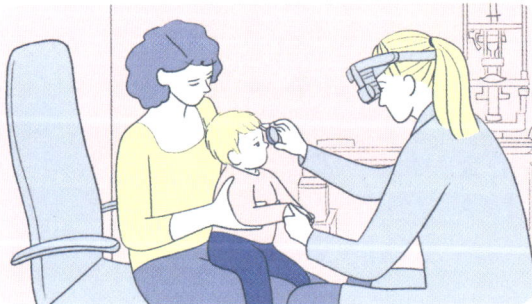

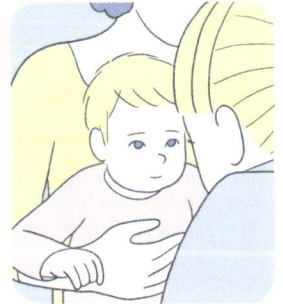

我得给他做些别的检查，不过需要给他滴眼药水，等药物发挥作用了再开始。

您去走廊尽头，找护士给他滴眼药水，然后再等我们叫您检查。

您好，我给他滴几滴眼药水，眼睛会有些刺痛，所以他不会乖乖让我滴。

扶住他。

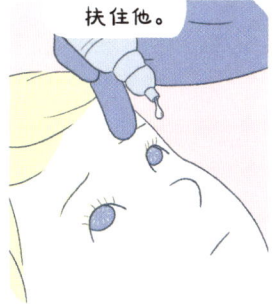

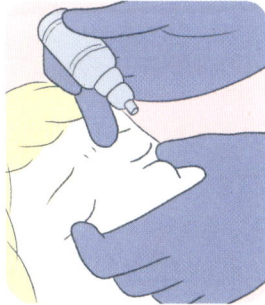

好了，请您在这稍微等会儿，我过会儿还得给他再滴一次。

妈妈

宝宝滴了眼药水，过会儿再过去见那个医生。

一会儿见。

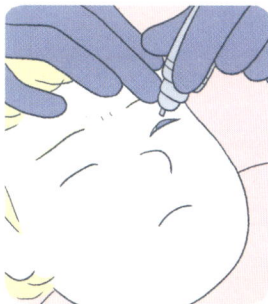

麦克斯？

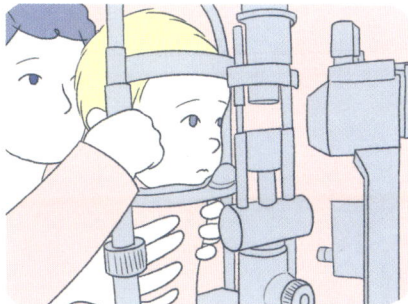

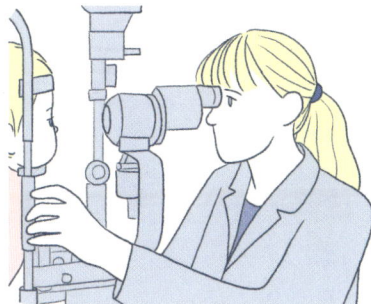

嗯……麦克斯患有白化病。白化病患者的视力非常差，在学校可能需要有专人陪护什么的。眼下，我根据他的视力给您开个处方，用来配矫正视力的眼镜还有太阳镜。光线强烈时，就给他戴上太阳镜。

矫正视力的眼镜，我也给他加些颜色，镜片带点儿灰色，也可以用来抵御强光，好吧？另外，还有些手续要办。您准备份材料，回头递交给MDPH*。一个月后，我需要给麦克斯做个复查，总结下他的视力矫正情况。您到时候把我需要填写的那部分带过来，可以吗？他是在上托儿所吗？

是的。

那还得准备一份个性化托管材料。

以便给他在行动、行走方面的需求提供特殊的安排和帮助……

嗯，这个材料我们已经填过了。

很好。离院前，跟前台预约一下一个月后的视力矫正总结。到时候得提前给他滴眼药水，您跟前台说一声，要个处方。

眼镜嘛，要马上给他配。您可以去LISSAC眼镜店。他们很善于给有特殊需求的孩子配镜。一开始的时候，就算他老想摘掉眼镜，也得让他戴着！

最后一件事：离院前，去一趟遗传科，在蓝色的区域里。给麦克斯、您还有他爸爸做个检测。您把这个单子交给他们。检测结果要等很久，所以，别拖，马上约。

不过，我就是想大概知道下，他到底能看清多少？

我现在还没法给您明确的答案，只知道他的视力很差。一般来说，当孩子开口说话后，我们可以根据他们的回答更好地进行评估。

六个月后见。

再见。

*MDPH：法国省级残疾人之家

咱们走之前得去另一栋楼约个检查。

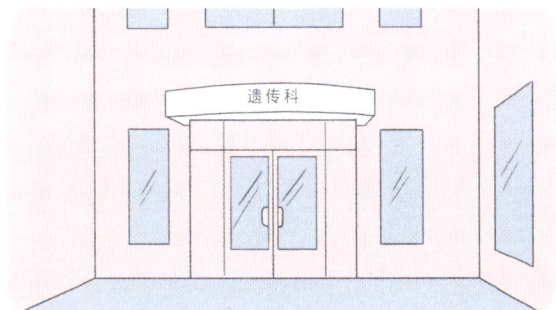
遗传科

我跟他坐会儿。

好的。

您好，我想约个基因检测。是眼科的医生让我过来的。

好的。最近的检测是三个月后的。一月底，可以吗？

可以，我们想办法过来。

好了，您会收到检测通知的邮件。

谢谢。

你还好吗？

还好，但我快应付不过来了……

咱们找个小餐馆撮一顿，我请你。忙了这么久，该好好休息下啦，然后再去配眼镜，好不好？

好。

LISSAC
眼镜店

这个挺好看的，是吧？

有什么可以帮您的吗？

嗯，我需要给宝宝配副眼镜，还有具有矫正作用的太阳镜。

好的，宝宝的镜框，基本是圆形的。

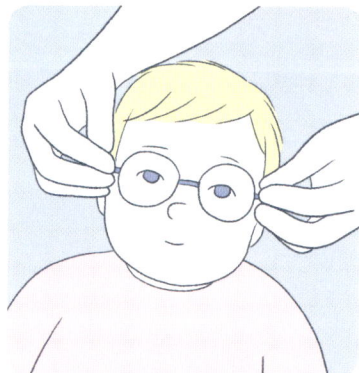

我去找副尺寸更小的。

我觉得挺好的。

太阳镜的话，您可以选同样的镜框，换个颜色。

好的，没问题。

请抱着他坐在您腿上，我给他测下数据。

140

他的睫毛那么长……

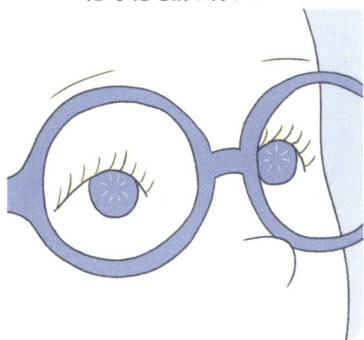

几乎碰到了镜片……

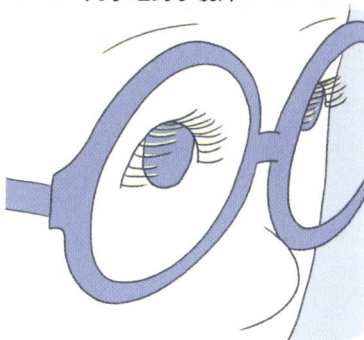

他的鼻子太小了，卡不住眼镜……

我们可以在这儿加个小橡胶垫，这样眼镜就不会往下滑了。

非常好。

一周左右可以做好，我们会电话通知您。

到时候再付费。

您稍等，我想拍两张照片，给孩子爸爸看下。

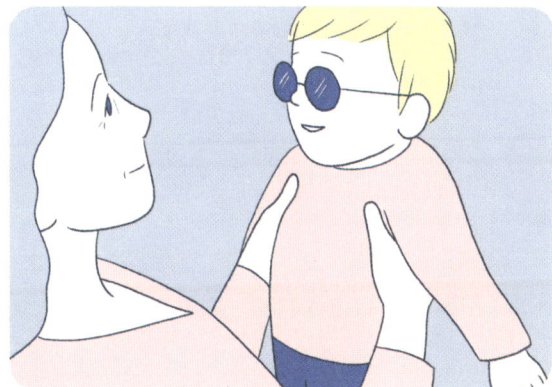

时间过得太快了！你的书呢？

进展得怎么样了？

唉，我没有时间。

照顾宝宝很耗神。白天上班，晚上带他，一天下来我已经没有精力搞书了。

你得挤时间呀！

我朋友安妮有三个孩子，但她还是会给自己安排出时间搞创作。

你得换个节奏，好好安排下。

你不怀念那种状态吗？

嗯，有点。

就算都是碎片时间，也要想办法挤出来。

你甚至会变得更有效率，时间越多，越容易浪费。

你之前总有做不完的项目，我觉得你不可能一直像现在这样，等着看吧。

呜嘤嘤！

啊，午睡结束了。我马上来。

他可太好看啦！真像广告里的宝宝。

你要是带他去试镜，他肯定会被当场选中：蓝色的眼睛，天使般的头发……

哈哈！

其实，他得了白化病……那是种遗传病。这事我们只告诉过家里人。

啊？是吗？他看起来不像啊。倒像个瑞典宝宝！

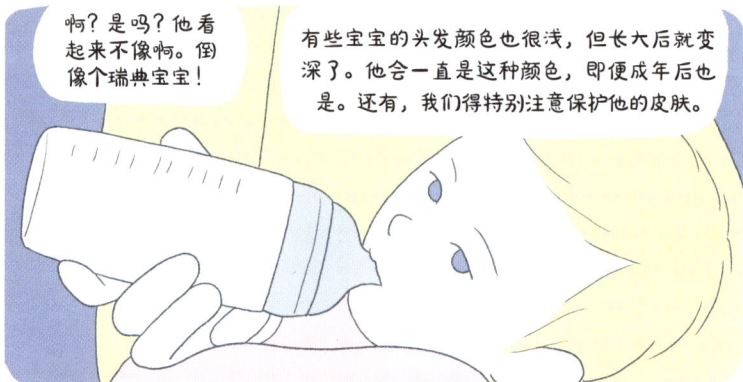

有些宝宝的头发颜色也很浅，但长大后就变深了。他会一直是这种颜色，即便成年后也是。还有，我们得特别注意保护他的皮肤。

他没有黑色素，所以会直接受到紫外线的伤害。

特别是，他还有视觉障碍。

也跟这病有关系？

是的，我们都以为白化病患者只是皮肤和头发有问题，但最让人郁闷的，是这个。

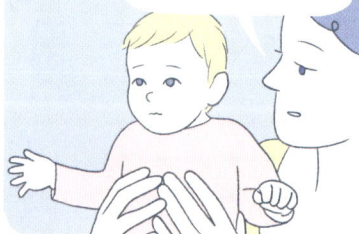

他看不清远处的东西，眼镜也没法矫正。话说，他马上就要开始戴上眼镜了。

这样的话，戴眼镜又有什么用呢？

帮助他看清近处的东西，缓解疲劳。

难以置信……

嗯，每年差不多有80个新生儿患有白化病，让我们给摊上了。

最麻烦的，是托儿所那边。

由于每两个小时就得给他涂一次防晒霜，为了方便他出门，我们买了个防紫外线的东西，实在婴儿车上的，但糟透了……

像参加葬礼的婴儿车！给，你看……

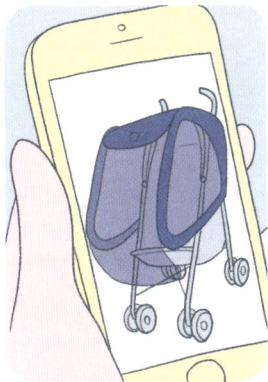

这东西可以挡住全部紫外线？

是的，但里面很热，而且不太方便。还有，说实话，特别丑。

不过，等他满一岁后，就可以给他涂一种特殊的防晒霜了，防护时间远超两个小时，到时候就没这么麻烦了。

你没跟我说的时候，我已经觉得他超好看了，可现在，我觉得他更好看了。

你知道，罕见的，才是珍贵的。

佛教认为，孩子出生在哪个家庭，是他们自己选择的……

他们的灵魂为自己选择父母。麦克斯选择了你，因为他知道你可以处理好他的与众不同。

我不信这些东西。但我会努力的，会的。

我信。你会成为他想要的妈妈。

在他出生前，你就已经是了。

地铁

呜嘤嘤嘤……

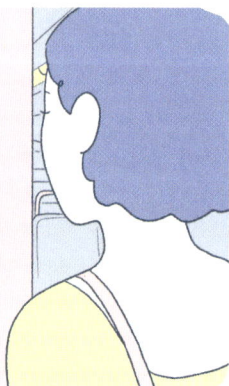

晚上好，阿曼迪娜。

麦克斯一整天
都在摘眼镜！

您得买根小细
绳，给它固定得
稍微牢固些。

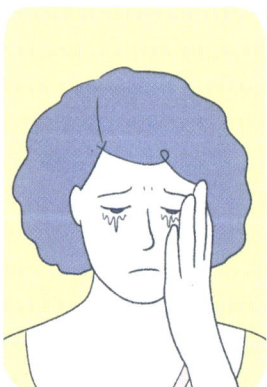

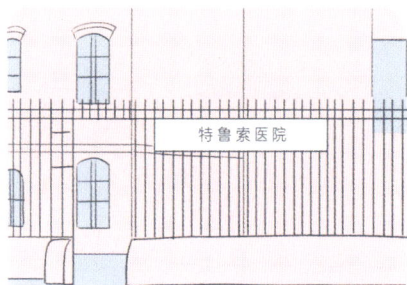

你知道在哪儿吗？

嗯，知道。

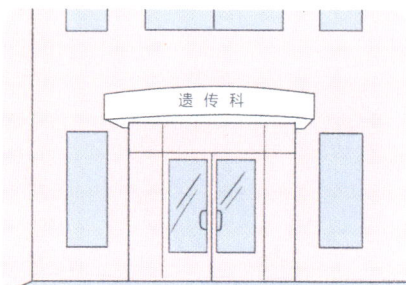

我们先给宝宝抽血。您二位里有一位跟我来？

你想让我去吗？

不，不用。

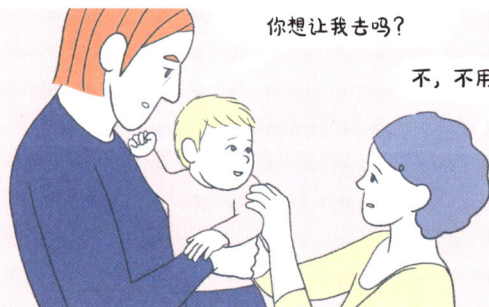

你真可爱呀！

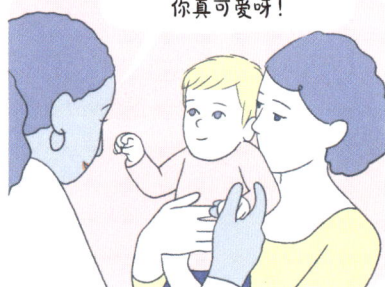

看这小胳膊……

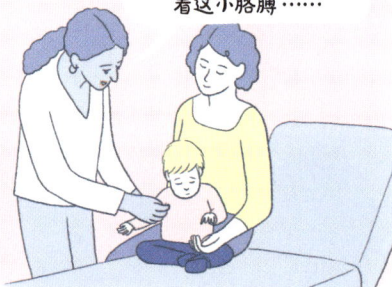

你很喜欢我的口红，是不是呀？

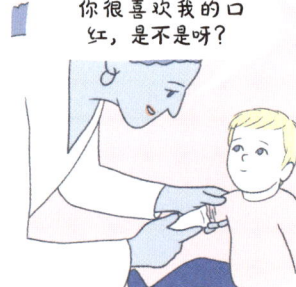

女士，请您去另一侧，在我抽血时分散他的注意力。

他看得入迷啦！

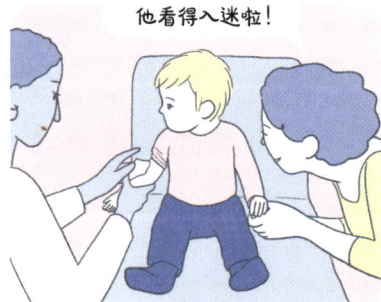

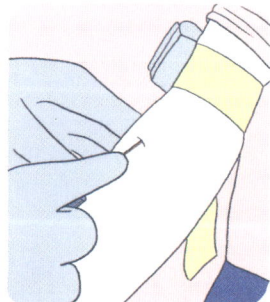

没事，我的小可爱……

嘿，好啦。贴上小创可贴。你刚才真勇敢！

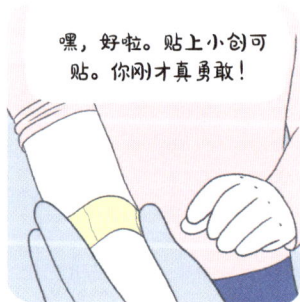

您可以回候诊室了，我们一会儿叫您。

我再问最后一个问题，然后咱们就抽血。

您知道家里有什么人是白化病基因携带者？

没……没人。

我爸爸跟我说，我爷爷的爷爷可能是……但我们并不知道具体情况。

我记下了。按照法律规定，基因检测需要二位签署书面同意书。结果出来后，我们会电话联系你们，约个会谈的时间，跟二位详细说明孩子白化病的类型。

结果要等很久，好几个月。请看一下，然后写上日期、签字。

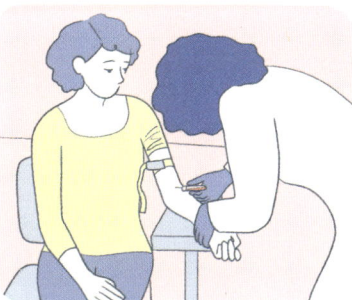

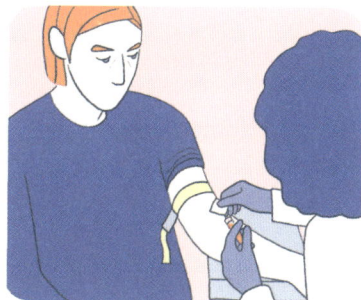

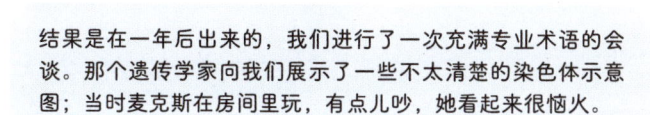

结果是在一年后出来的，我们进行了一次充满专业术语的会谈。那个遗传学家向我们展示了一些不太清楚的染色体示意图；当时麦克斯在房间里玩，有点儿吵，她看起来很恼火。

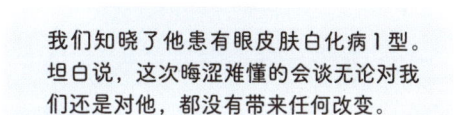

我们知晓了他患有眼皮肤白化病1型。坦白说，这次晦涩难懂的会谈无论对我们还是对他，都没有带来任何改变。

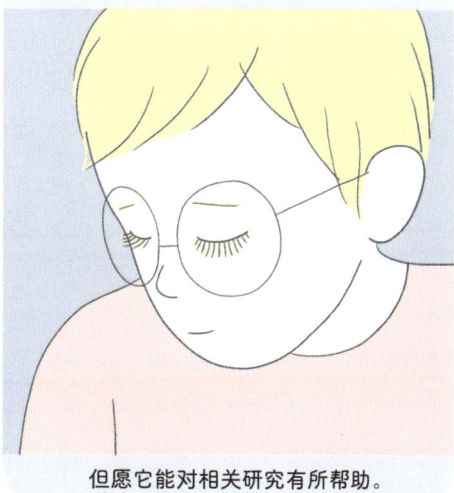

但愿它能对相关研究有所帮助。

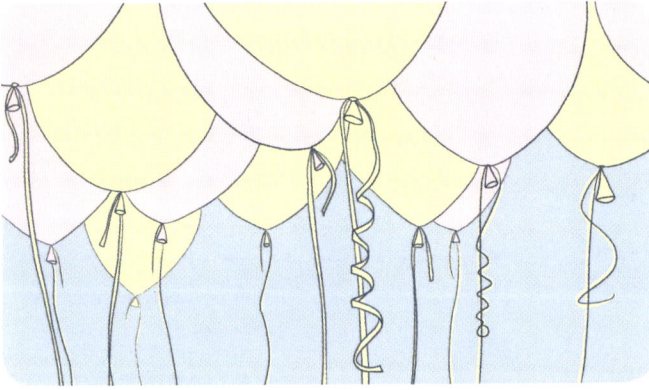

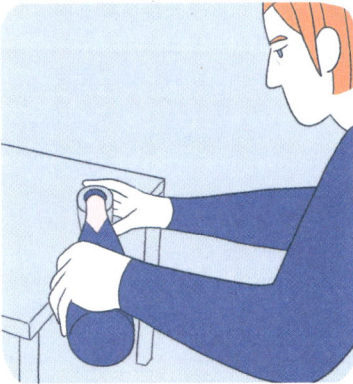

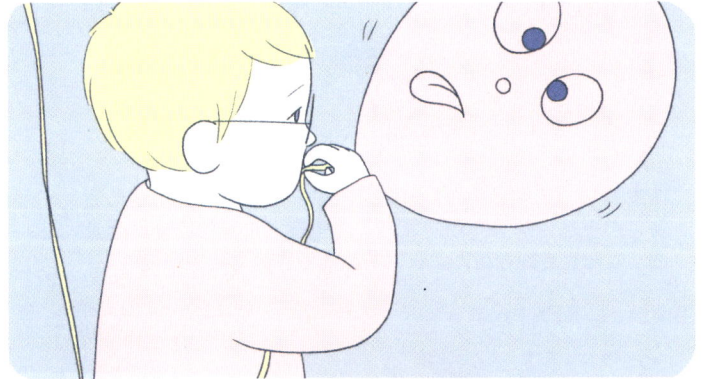

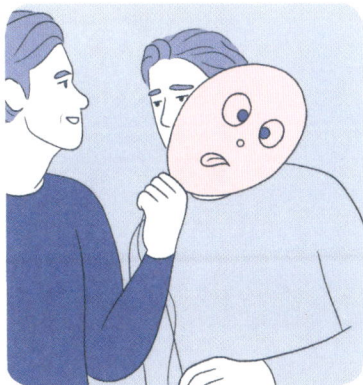

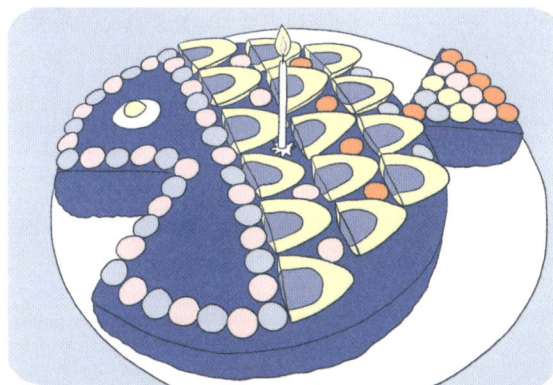

他收到了那么多礼物。

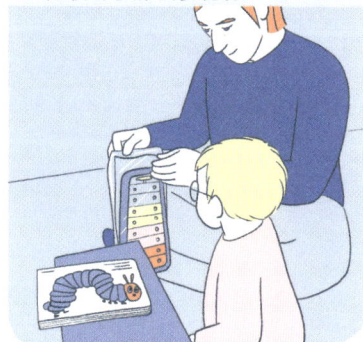

我们是因为他的病而刻意在弥补吗？

其他患有白化病的孩子是怎样过生日的？

话说回来，就算没得病，他也一定会收到这么多礼物。

有些孩子被宠得不行，有些却什么也没有。

我为这一刻的幸福感到内疚……

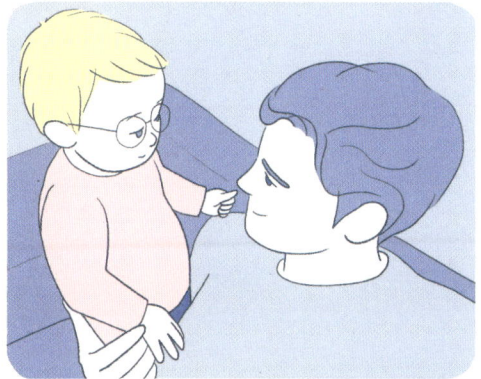

# 07
# 母亲和女性主义者

Mère et féministe

亲亲妈妈，然后睡觉。

明天，麦克斯宝贝要去郊游啦！

只有妈妈和我。

我得去上班，但我会一直想着你的。

晚安，麦克斯宝贝。

晚安，爸爸。

我吃一口就去干活，我找到了一种新的绘画风格。

还要干活？我以为咱们今晚要看个电影呢。

我特别想往前推进下，只有这会儿才行。麦克斯醒着的时候，我完全没法集中注意力，他老是来打扰我。又要上班又得带他，我根本没什么进展。

我们已经有多少个晚上没一起做点儿什么了？

我不知道。可你也一样啊，你也搞你的照片嘛。

算了。

等等，我完全没有时间！麦克斯永远被排在第一位，然后还有家务。

你别因为我想做点儿自己的事就闹脾气哈。

问题不在这儿。

带孩子就是要花好多时间，你以为呢？

好啦，他睡着了。

啊，乡村的
空气……

这些小家伙，
累坏了……

你要蜂蜜吗？

要，谢谢。

我不知道我妈妈是如何设想自己作为母亲的角色的。

我的出生是个意外。我爸妈结婚，是因为她怀孕了。

你知道吗，我之前根本没有意识到当妈会这么累。

我只有一个娃，就已经觉得好难了。但是一想到你，有三个孩子……

说真的，现在，我敬佩每一位母亲，包括真人秀妈妈、未婚妈妈在内的所有妈妈……发自内心地敬佩！

太难了，没有孩子的人根本意识不到。

你知道的，怀你是个意外，但后来我真的特别喜欢你。

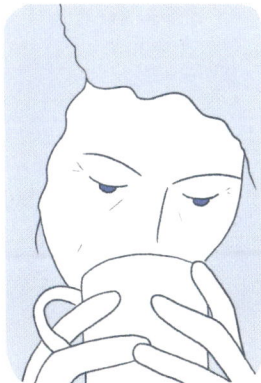

你是属于我的小闺女。

后来，那两个小子，是我们计划要的。我很高兴能有你们三个孩子，即便确实不太容易。

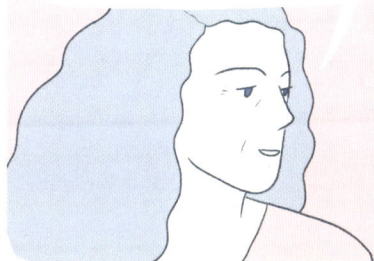

还有，你知道，你爸爸跟塞缪尔不一样，他夜里从来不起来照顾孩子的……

他觉得没必要两个人都受累。

真贴心。

你弟弟，我记得他那会儿老是尿得水漫金山！大半夜的，得把摇篮里的所有被褥都换一遍，我当时就一个人换。

那是另一个年代。幸好现在不一样了。

159

我知道塞缪尔在帮我，但你看，不管是轮到他或我起来，我都会醒。

轮到我的时候，他睡得特别沉。可轮到他的时候，我却一直听着动静。麦克斯哭的时候，我会比他先听到，把他叫醒后，我自己要等好久才能睡着。

我没法让大脑停下来。我总是反应得更快些。

结果，稍微有一点儿不平等，我就要抓狂。

比如轮到他给孩子洗澡但他没空的时候，我就会嚷嚷不公平。

你没必要盯着这些细节的……

我阅读完一本书，就是关于《卡尔文与霍布斯》展览的那本，你知道的，我超喜欢那套漫画。

作者在接受采访时明确表示，他之所以能够全身心地投入艺术创作，是因为家里的一切日常事务都由妻子操持，这样他才能集中精力。

二十年啊，你能想象吗？

我真的好嫉妒，相反的情况，永远不存在！男人们享有一种奢侈，他们几乎可以把全部脑子都用在工作里。

我也希望我的大脑只属于我自己，而不是事事都得去操心……

……甚至不该我起夜时我还惦记着，还有我老是提前备好奶粉。

160

所有的活儿，你们都一起分担，对吧？

是的，我们把一切都分得清清楚楚，而且是落在纸面上的。不过，即便是均等平分，我也老是感觉不公平。

你瞧瞧那些走在路上的家庭，难道没发现问题吗？

我们一起带麦克斯出去时，他从来不想着提前准备东西。

往往是妈妈们背着包，里面装着全家需要的东西，而男人们的手却悠闲地插在口袋里。

我们出门时提上妈咪包，包里装好了纸尿裤、包被、盛水的奶瓶等等。对他们来说，这一切好像是自然而然的事。他们以为这是菲利克斯猫的魔法包吗！

你们俩得谈谈了，别让事情这样恶化下去。

我试过了，但他老是想不起来，我也受够了，总得提醒他提前准备，我没有那么多精力去做双倍的事。

而且，就连周围的人，也都是这样，托儿所那边，有什么事情时，他们总是先给我打电话。

该跟儿科医生约每个月的复查时，如果我不约，就会错过复查时间……医生做讲解时，也是对着我说，可我们明明是两个人一起去的啊。就是这样。

我已经厌倦了总是在生气。

有时候，我甚至都不知道是因为什么，我就是冷静不下来。我都搞不懂我自己了。

我们小时候，你总是随叫随到。对我们来说，生活真的很完美。

我们可以做很多事，你带我们去运动，去听音乐会……你还得做饭……

不管我怎么做，都无法表达我对你的感激，因为，现在，我终于意识到你到底付出了多少精力，多少时间。

你知道，带你们出去玩的时候，我很开心。

所以说，你总把我们排在你自己前面。我，我不想这样。

我跟你说这些，是因为有一天，我在电视里看到一个演员，在宣传自己的戏剧。

那家伙把他妈妈说得像一只忠诚的狗，你能想象吗？

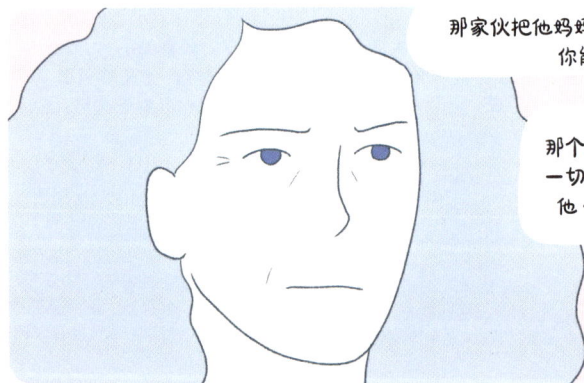

那个大白痴，说她为他做了一切，一直在他身边守护着他……"像只忠诚的狗"。

我很震惊。

那家伙把她比作一只动物，甚至连人都不是……他根本没有意识到母亲的奉献！

多可悲的家伙！

想到我儿子长大后也可能有一样的想法，我就难受得很。

你知道，我小时候，跟我的哥哥和姐姐，我们什么活儿都干。

你外婆，家里的事她什么都不做，整天都跟朋友们在外面交际。

我们买菜、做家务……我记得我们甚至还给地板打蜡。

打完蜡后，我们踏着踩脚布，在地板上滑来滑去，像极了花样滑冰选手！

就连我哥哥也会这样！

所以，后来，你们出生后，我就下定决心说，我的孩子们，一定要拥有属于自己的时间。

我要他们有时间去放飞想象，有时间去创造，有时间去做我小时候想做却没法做的所有事情。

你们爸爸老抱怨我不让你们帮忙收拾碗筷，但我更愿意让你们去玩儿。

我并不后悔做这一切，我对自己的生活很满意。我们那时过得很好。

你知道吗？我直到自己搬出来住后才知道，房子是会变脏的，是要收拾的！

咱们家总是那么干净，我们甚至都没注意到这一点，对我们来说，好像这是自然而然的。如果你不在晚上对我说"我一下午都在做家务"，我甚至都不会想到这个问题。

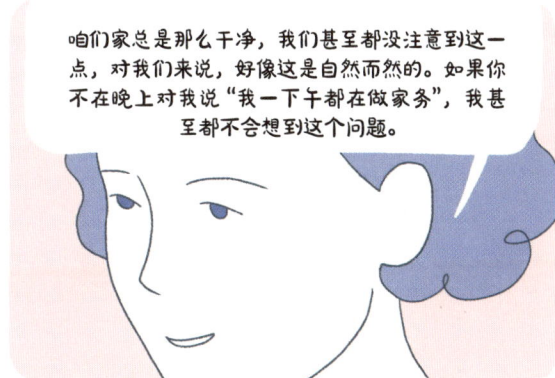

我可不想麦克斯到十八岁的时候，还没打扫过厨房，没自己做过饭。

163

的确，小时候，我一直都在画画、读书、听音乐……

我记得，从我们十几岁起，妈妈重新拿起了画笔。我想，大概是因为那时她的时间稍微多了一些吧。

我也记得，在我准备上应用艺术高中时，开学前的一天，她带我去一家美术用品店买齐了上学用的文具。

回家后，我把所有东西都摆到了书桌上。

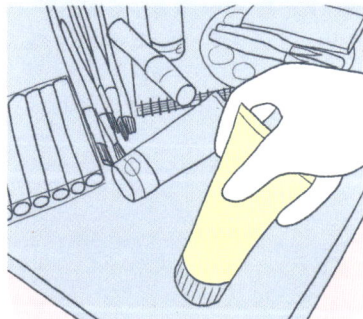

你能去学这个，我真的太高兴了。我之前也想上学学这个。但在我们家，女孩子不能去上学。只有我哥哥有这个权利。

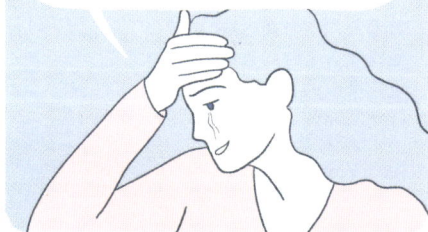

那一刻，我真该把她抱进怀里，但那时的我还不太理解这些。

我没做任何回应。

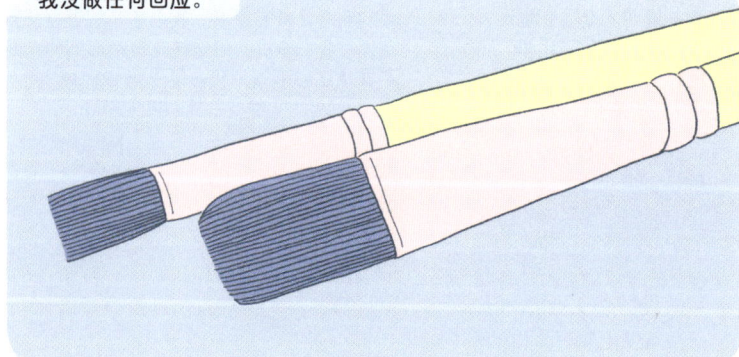

要我再把水烧开吗？

不，不用了，我一会儿就睡了。

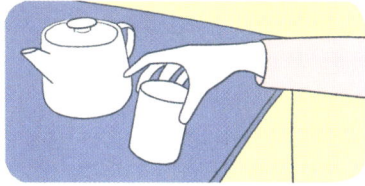

我有她曾经希望做的工作，一份我喜欢的创造性职业。

整整一代女性都曾为孩子和丈夫牺牲了个人愿望，她们有时甚至都没意识到这一点。

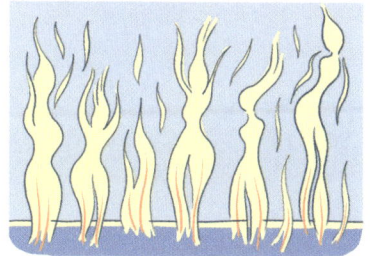

如果是我，也会这样做吗？我在假想。当时的社会和教育，就是这样的。

女性真的是沉默的战士。

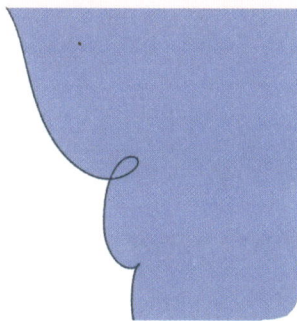

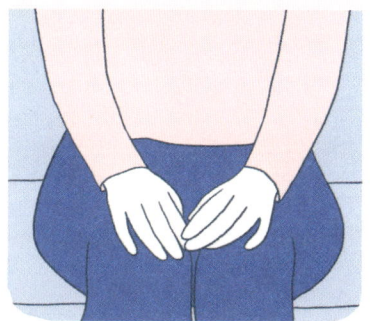

那一代的很多男人都坐在办公桌前，当着老板，装得厉害，看似很强，但一旦需要做些日常琐事，就不知所措了。生活不能自理，跟小孩儿一样。

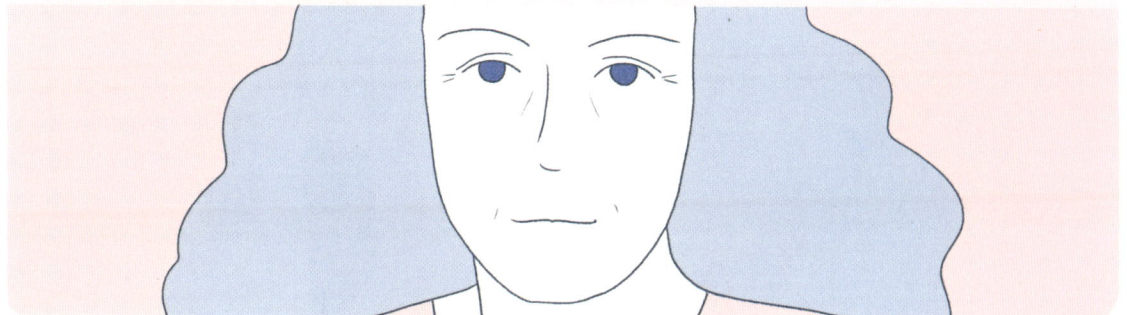

165

我上去喽，有点儿困了。

我再待合儿。

壁炉下面的抽屉里有巧克力，如果你想吃的话……

明早你睡个懒觉，我带麦克斯。

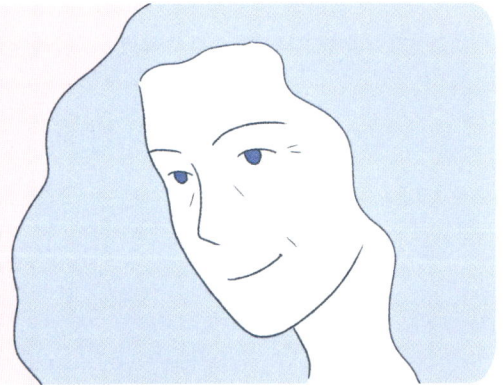

谢谢。 晚安，明天见。

晚安。

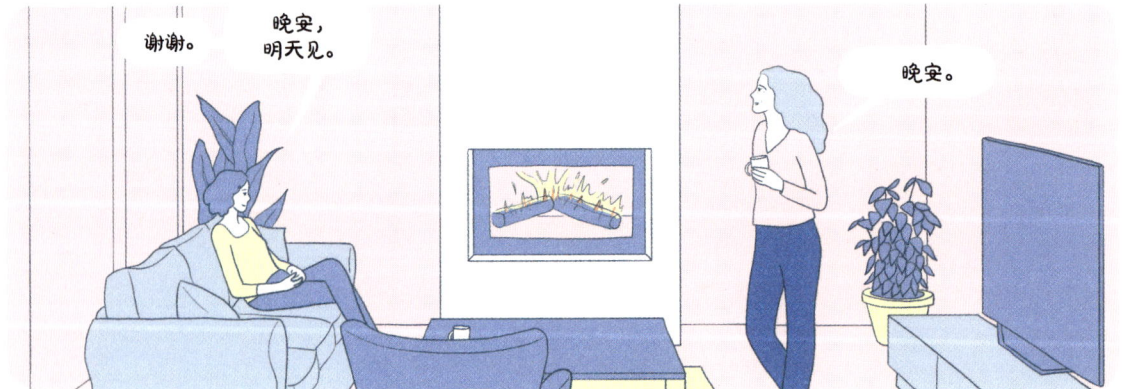

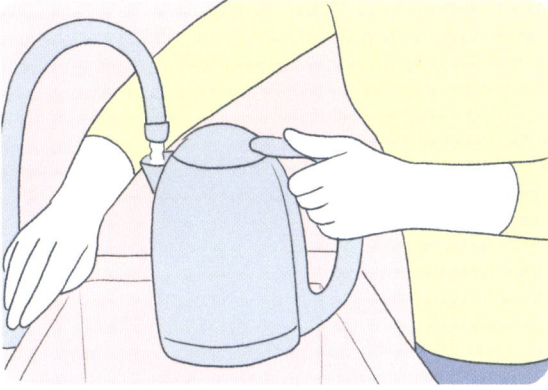

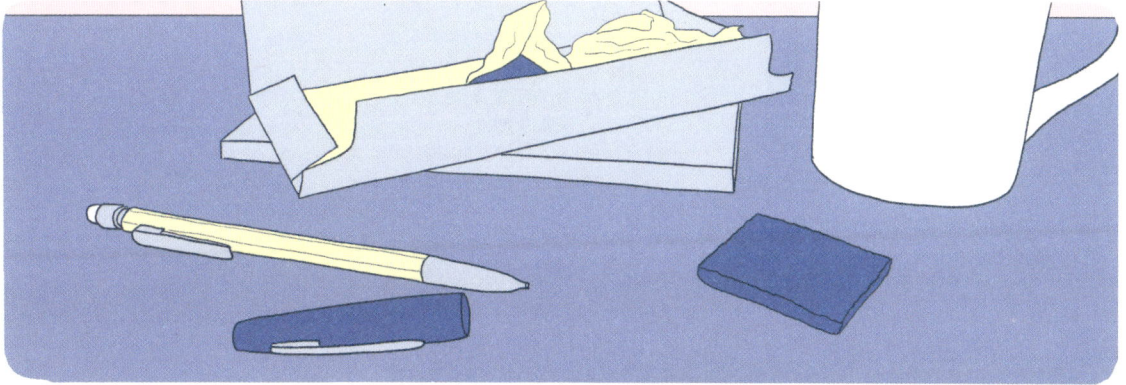

在很长一段时间里，我都以为男性既没有情感，也没有同理心，且情绪类型十分有限。

生个男孩儿，一个在生命初始没受过任何社会规范或面具影响的男人，让我感觉很好。

我很关注这些情绪，努力让它们不要在麦克斯那里消失，给予它们更高的价值和足够的空间。

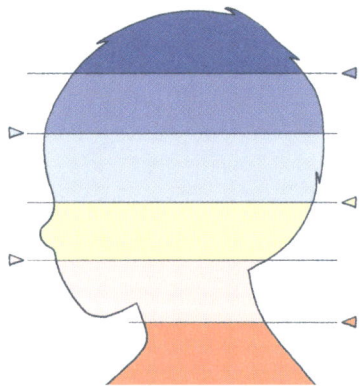

妈妈，我怕黑……

咱们打开小夜灯。

别担心，我也一样，我都这么大了，可还是怕黑。没关系的。

呼噜噜

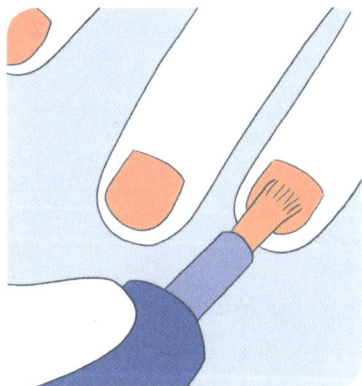

我也可以涂吗？

当然！你想涂哪个颜色？

绿色。 这样我就能有绿巨人浩克的指甲啦！

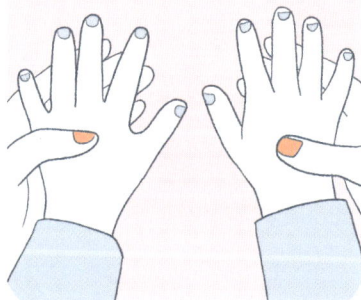

真好看！

太难过了，看得我想哭。

哭吧，哭一哭有好处，身体会把悲伤的情绪释放出来，之后你会感觉好些。

就连大人也会哭，知道吗？

我也想要个漂亮的发型。

我把你的头发弄湿，然后你就可以梳个自己想要的发型了。

快看我的狮子发型！嗷……

太好看啦，麦克斯宝贝！

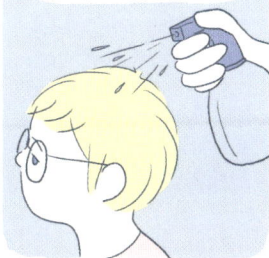

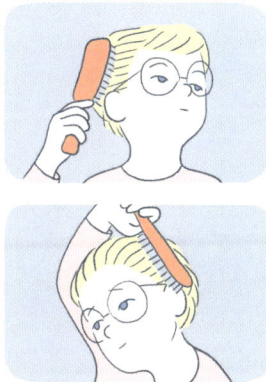

给你，抱抱咱们的宝宝。

现在，你把我当成个刚出生的宝宝吧。

到这儿来，我的宝贝……

我用纸剪了一颗心，涂上了你最喜欢的颜色，因为我爱你。

妈 妈

我也是，我也好爱你，我的小可爱。

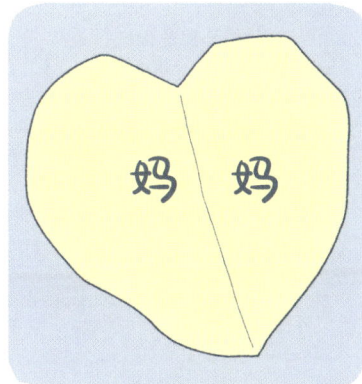

面包头儿！
面包头儿！

你知道吗？我也特别喜欢吃法棍的尖头儿，但每次都是你在吃。

从现在起，咱们轮流来，每两天轮一次。

今晚是我，明天轮到你，就这样轮下去……

给你。

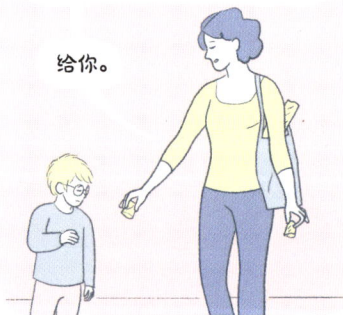

我不要，我要吃尖头儿！

不，今天晚上，该我吃。你要么吃中间的，要么一口也别吃。

每天晚上都是你吃，是不公平的，明白吗？

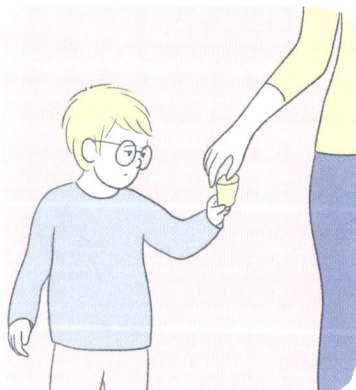

大家轮流，才公平。这叫平等分享。

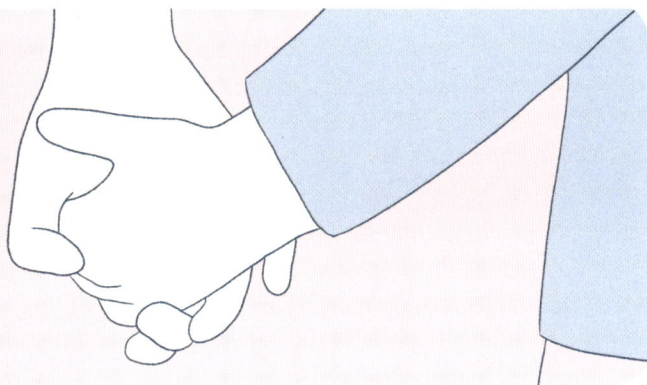

你知道吗，麦克斯，现在你五岁了，已经是个大孩子了。

小宝宝，我们得一直照顾，因为他们什么都不会做，但你呢，已经能自己做很多事了。

明天是星期六。我们要做一个活动表，保证每个人都能有让自己开心的时间。就像轮流吃面包头儿一样，好吗？

我们要去公园，还会画画，但也会有一段时间，你在你的房间里安静地玩游戏。我呢，也在我的书桌上安静地做些事情。

然后，我们重新集合。这是个好主意吧？

我可以在我房间里玩乐高吗？

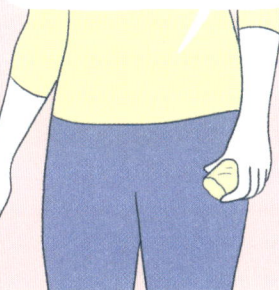

想玩什么玩什么！只要不需要我和爸爸帮忙就行。

你有那么多玩具，一定能找到喜欢的。

好啦，拿着，最后这口面包头儿给你吃。

好耶！

# 08
## 麦克斯广播台

••••••••••••••••••••••

Radio Max

麦克斯五岁了。

他会吸收听到的所有东西。

他的词汇量非常丰富，话特别多。

你知道吗，太阳……

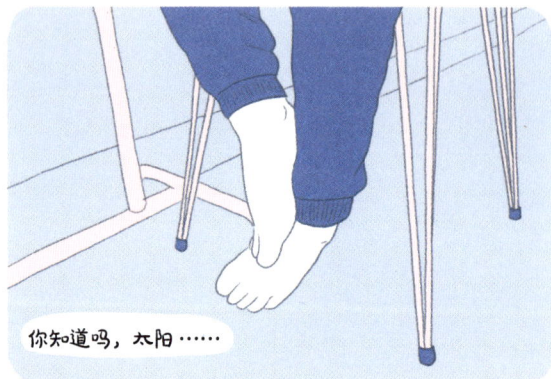

……就像一个注满熔岩的球……

如果我们跑到上面去，就会变成骷髅，甚至化为灰烬！

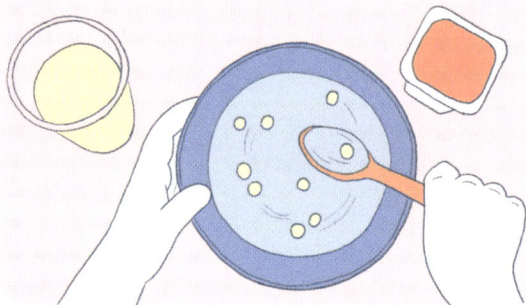

幸好地球离太阳够远……

……在这样的距离下，
我们会感到热……

……但又不会特别热。

我们很温暖。

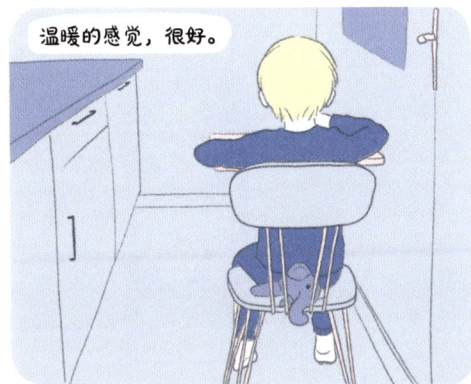

温暖的感觉，很好。

植物，会生长……

……因为月球上……

…… 很冷……

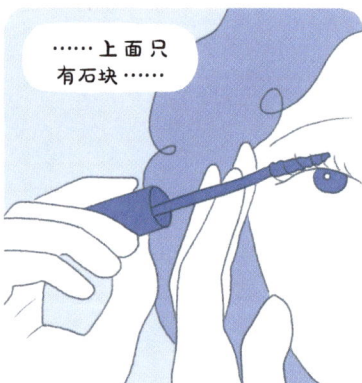

…… 上面只
有石块……

…… 甚至更糟！

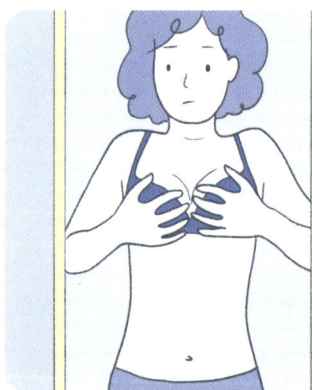

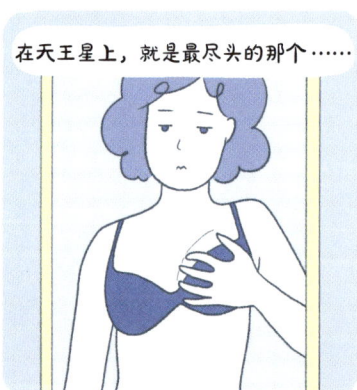

在天王星上，就是最尽头的那个……

…… 只有冰。

不是我们吃的那种
美味冰激凌……

而是……

麦克斯！

……大浮冰！

还有，
你知道……

你得把早饭吃完！

我只听到了你说话，
没听到你咀嚼！

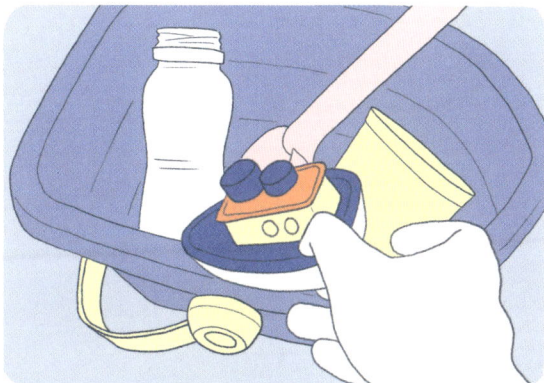

果泥我已经
吃完了……

牛奶也喝了，可是，你知道吗……

收音机

典型托管周示例：

麦克斯很早就开口说话了……
我记得他在托儿所的时候，
纳迪娜叫他"麦克斯广播台"。

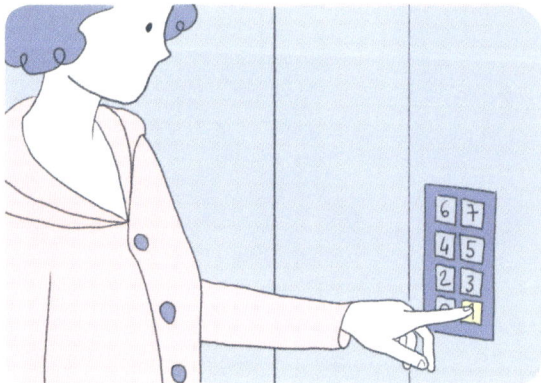

周一

阿曼迪娜……我好累！他说个不停，一天下来我脑子都不转了……

周二

他真的很聪明……猜猜今天他跟我们说什么了……

178

周三
唉，阿曼迪娜，我跟您说哈，带一个麦克斯，就跟带两个孩子一样，他想跟我聊个不停。
周四
今天下午，他和我那青春期的儿子还有他的朋友们聊天，表现得就像是他们小团体的一员，特别可爱！
周五
啊！终于到周末了！我可以让脑子歇歇了……
么么哒，麦克斯，周末愉快！
么么哒，纳迪娜！
周一见。
该我来按按钮，妈妈！

妈妈，
这些花真好看。

这是大波斯菊，
麦克斯宝贝。

大波斯菊在英文里是
"Cosmos"，也有宇宙的
意思。天上所有星体所
在的地方，就是宇宙。

比如月亮，
我看见月亮了。

或许，不停说话能让他感到安心，能让他回想起小时候。

针对他的视力问题，当时有人建议我把一切都表述出来。

我们去买面包，小可爱。

我把家里的门锁上。

坐电梯喽。

咱们从公寓出来啦。

182

哎呀，天气有点儿凉，是不是呀？

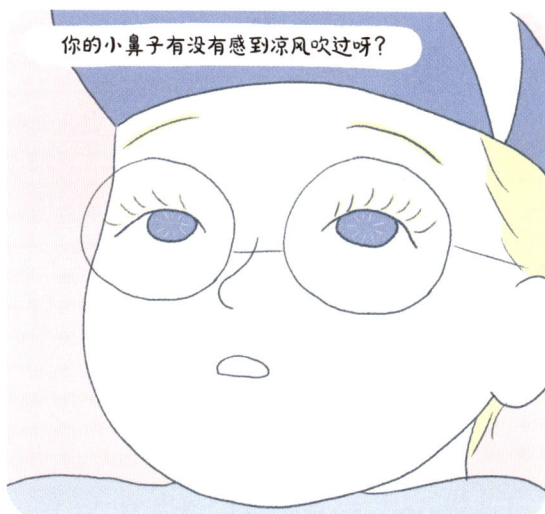

你的小鼻子有没有感到凉风吹过呀？

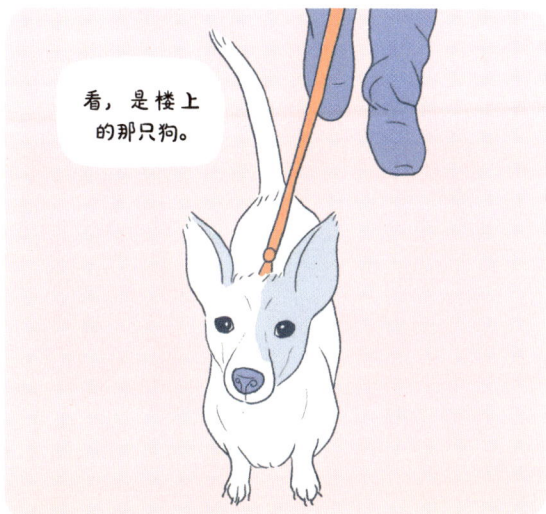

看，是楼上的那只狗。

听，这是邻居走路的声音。

我们正在路过理发店，能闻到吹风机的味道。

理发店

走进面包店喽。

匠心面包坊

183

好多人，咱们得排队。

面包看起来热乎乎的。

排在前面的小姐姐很喜欢你的鸭舌帽。

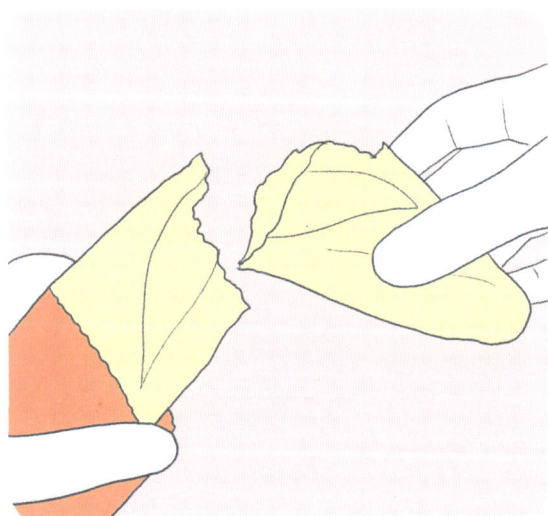

闻起来很香，是不是呀？

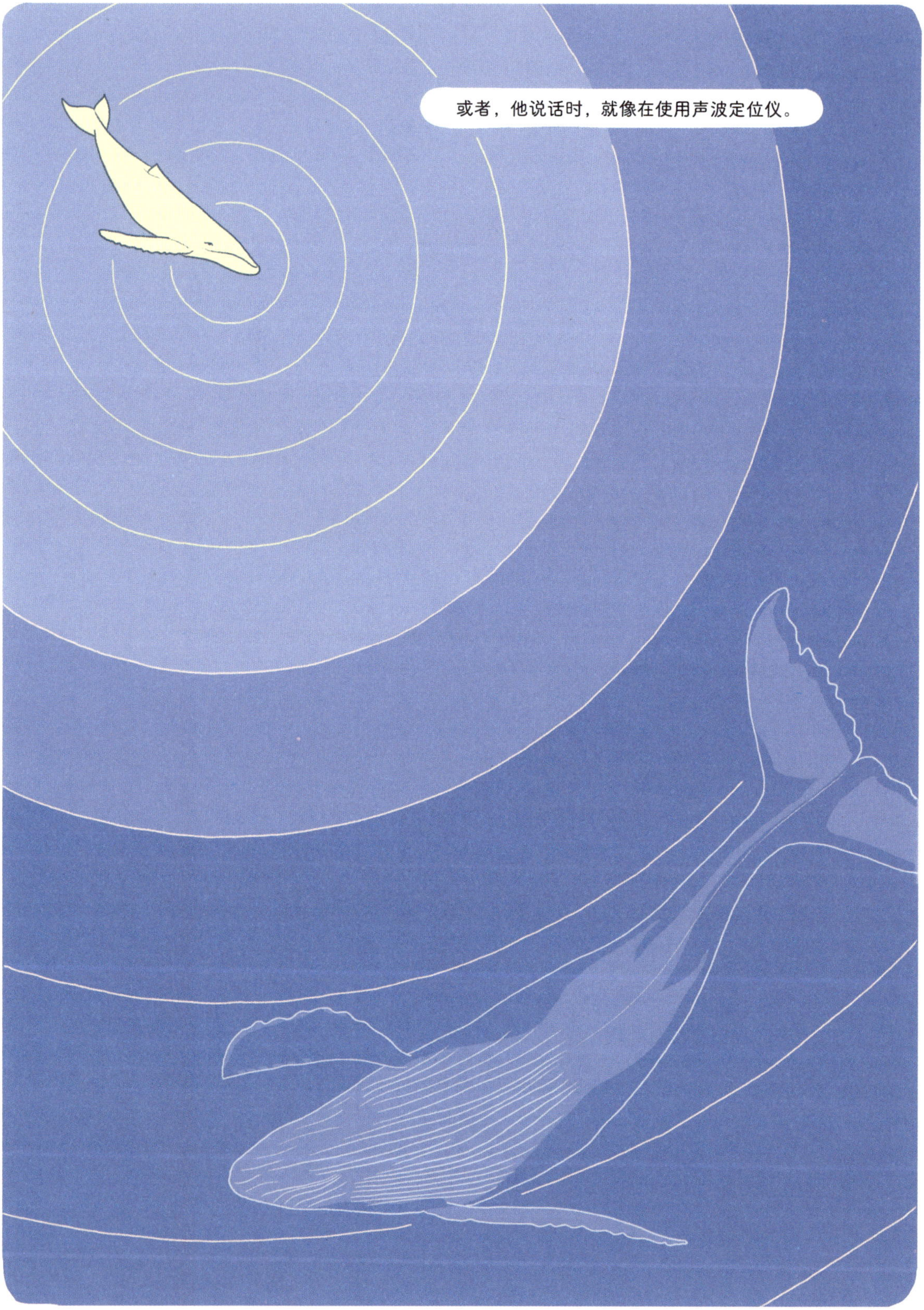
或者，他说话时，就像在使用声波定位仪。

他时时刻刻都知道谁在那儿，距离有多远……

09

第一次

·············································································

Les premières fois

# 1.我第一次没哭着说这件事

好，完美，咱们周四给大家看。

呃，周四我请了一天假，得带麦克斯去看眼科医生。

又去吗？

我感觉你不久前才去过吧？

有件事，我在公司还没跟人说过，所以请你先保密。其实，麦克斯有视觉障碍……

什么？

嗯，他有白化病……是种遗传病。皮肤和头发是白色的，而且还合看不清东西。

见鬼……病情会改善吗？

唉，这种病不能治愈。视力也不合恢复。戴眼镜只能帮他看清近处的东西，但他永远也看不见远处。

你怎么不早告诉我？你们肯定特别难！

我只要一提这事就掉眼泪，而且目前我们也不太想说。我们想再等等看，看看他以后的状态。

你别担心，周四我来做介绍。

记住，如果你需要跟人说说话，随时找我，好吗？

谢谢。对你说出来后，我已经感觉好多了。

每次别人看他的照片说到他的金发时，我都不得不撒谎，真的很难受。

用不着在意别人，慢慢来。

## 2.第一次开玩笑

呃，我碰见了二层
的奶奶……

她给麦克斯缝了
个玩偶。

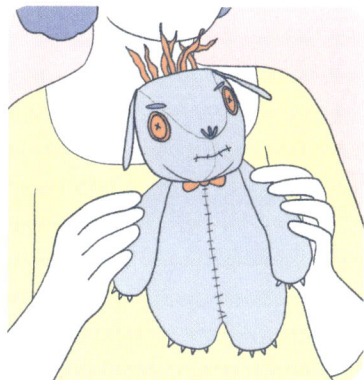

嚯，见鬼！

我知道他看不清，但这也
太夸张了吧！绝对不能把
玩偶给他。

哈哈哈，
是的，太丑啦！

说真的，就连我也不太想
在家里看见这么个东西。

效果不错！这是他
最喜欢的颜色，他
一定很开心。

我有点儿
没弄好。

上面那个角，我刷到天花
板上了。

不过，他倒是无所谓，他看不到那么远的！

没错，哈哈！

好啦，我还是
清理一下吧。

195

# 3.第一份"黑名单"

你还好吗？

不好！我刚刚有个新发现，气死我了，好多电影的反派角色都使用了类似白化病的形象。

你需要给好莱坞电影创造一个反派形象，但没有灵感？

用不着思来想去，最省事的办法就是给他弄上一头白发！

我甚至开始列单子了。你听听：

痴呆金棕榈奖：《达·芬奇密码》，一个白化病反派持枪射击……白化病人看不清楚的，开玩笑呢吗？他怎么可能瞄准……

《谁陷害了兔子罗杰》里的反派，他还有红眼睛呢，一点儿新意都没有！

《银翼杀手》里的罗伊·巴蒂。

《哈利·波特》里的马尔福一家。

《遭诅咒的村庄》里的孩子们。

《007》里头发被漂白的哈维尔·巴登。

《吸血鬼猎人巴菲》里的斯柏克。

《保镖》里疯狂迷恋惠特尼·休斯顿的粉丝。

《功夫熊猫2》里那只不正常的白化病孔雀。就连在动画片里，我们也被黑化，唉……

到处都有！电影、漫画、电子游戏……真让人恶心。

在Facebook上，我关注过几个探讨白化病的人，看到了一些关于非洲某些国家屠杀白化病人的文章。

白化病患者被绑架并截肢，因为有些教徒相信他们的骨头可以带来"幸福和成功"。

我曾经以为，受过更多教育的人，观念会有所改变。直到2019年，一位教师为了确保自身的成功，杀害了一名13岁的白化病女孩和一个白化病婴儿。

想通过教育来改变世界，我们差得还远。

唉，这个我可画不出来……

我在看到一张照片后离开了Facebook，那是一个市场摊位，躺着一个白化病人。

真是令人毛骨悚然。

我害怕儿子有一天会知道这一切，到时候我必须向他解释说：是的，今时今日，他这样的人群，仍然存在着如此境遇。

有一天，我在Pinterest上闲逛时，看到了一张艺术照片：一对巴西白化病双胞胎小姐妹。

一张张照片看下来，我刷到了很多组白化病儿童和成人的艺术照片。他们身穿漂亮的衣服，发型精致，在美丽的光线中，走进了专业摄影师的镜头。

在白化病的世界里，看到这么多不同的脸孔和民族，看到这般美好、这般笑容，我感觉好极了。

我找到了其中一些模特的名字，并在Instagram上关注了他们。这些成年人的日常生活，让我对未来充满信心。

社交媒体上并不全是负面内容……

摄影师：Vinicius Terranova, Yulia Taits, Gustavo Lacerda

## 6.第一次想象

那时，麦克斯六个月，我们已经知道他有白化病了。

我去看泽维尔·多兰的一部电影。

《妈咪》

男主角是个十几岁的年轻人，皮肤白皙、金发碧眼。

他虽然不是白化病患者，但我在观看影像时，马上加了层滤镜。

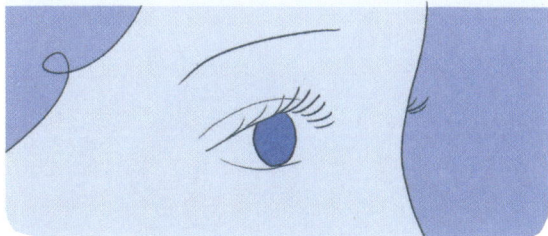

我跟随着故事情节，在特写镜头里看到男主角的眼睫毛、后颈的白色绒毛和苍白的肌肉线条时……

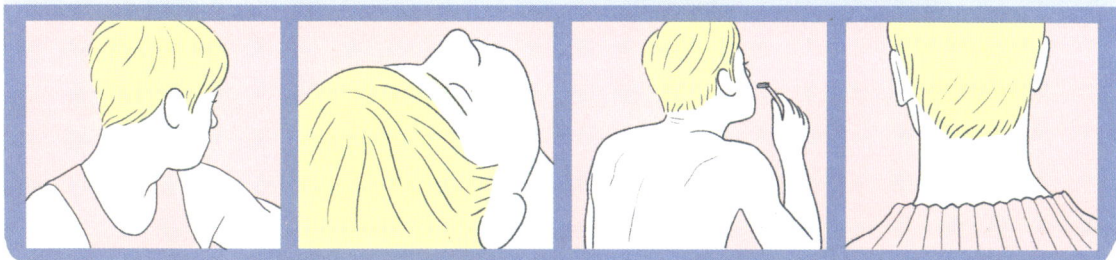

第一次想象儿子长大后的模样。

他纤弱的手臂和圆润的面庞，将会发生怎样的变化？他半透明的皮肤和孩子气的金发，又将如何与某种我至今未能想象出的男子气概相结合？

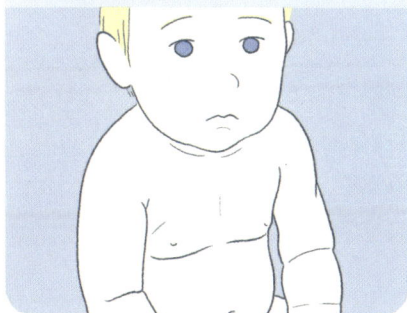

## 7. 第一次迈步走路

由于他的视力很差，我曾以为他走路会比同龄孩子晚，也担心他会遇到各种问题，甚至可能需要看运动心理治疗师。我惧怕这个阶段的到来。

他一开始扶着东西移动……

有一个周末，在他14个月大的时候，毫无征兆地……

塞缪尔，过来看看！

过来呀，麦克斯？

你要去找爸爸吗？

我很高兴我们两个人都能见证这个时刻。但最重要的是，在我堆积如山的担忧中，有一项终于消失了……

……我顿时感到轻松了很多。

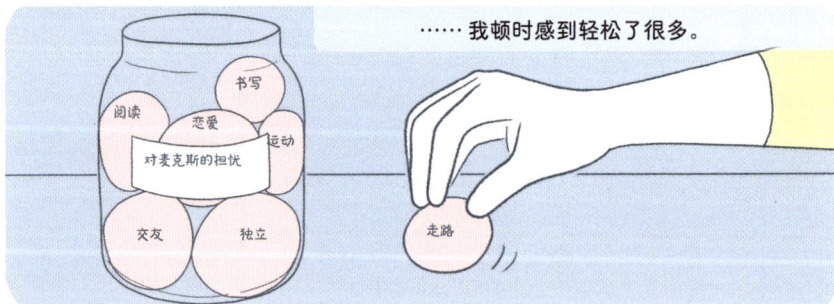

阅读
书写
恋爱
运动
对麦克斯的担忧
交友
独立

走路

## 8.第一次接触对白化病的歪曲认知

我发现，关于白化病的标题和内容中充满了误解和成见。

哇，这部漫画里有个白化病主人公，一个摇滚吉他手。但他的视力是正常的。

还有一次，我在谷歌上搜索"健谈的白化病患者"，想跟儿子开个玩笑，没想到跳出来的第一个结果竟然是一本童书的简介：

"阿尔比诺斯令人作呕。他浑身雪白，眼睛血红。真恶心！而且他还是个可恶的间谍！凭借那双丑陋的眼睛，他能在黑暗中看得一清二楚……"

又是个令人愉快的发现！

还有记者们笔下愚蠢的简化……

比如关于白化巨杉的话题。我读到一篇文章，通篇都在说什么"吸血鬼树"或"幽灵巨杉"，却没有更多内容，敷衍又空洞。深入研究后，我发现了很多没那么负面的东西。

特别是，这些巨杉由于白化无法将紫外线转化为叶绿素，所需的营养需要周围健康的树木为它们提供。作为回报，它们为这些树木过滤掉土壤中的铅。

它们组成了一个互助的生态系统，弥补各自的弱点。如果我们不为成见所困，完全可以换一个视角审视同一个主题。

哦，麦克斯宝贝，快看，有只青蛙！

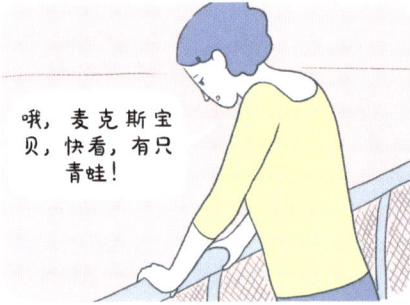

这儿呢！往下看就行，看见了没？

没有。

你看见那根吐泡泡的水管了没？

就在旁边，看见了吗？

啊，是的，我看见了，那只青蛙。

但他看的地方并不对。也是，这只青蛙跟池塘的对比度确实很低……

你确定？如果看不见也没关系的……

嗯，我看到了。

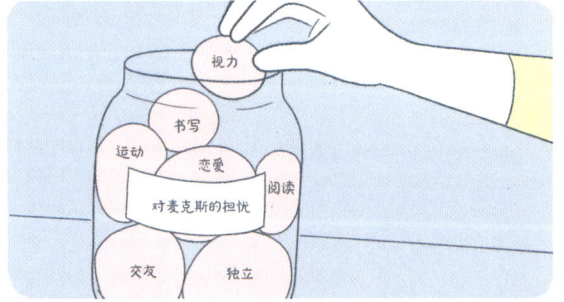

妈妈，那是颗糖果吗？

你能从这里看到那颗糖果？

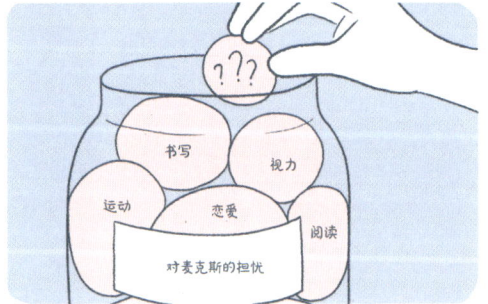

看，这个小人就是我。

你的皮肤不是白色的，而是米白色的，像我一样，瞧。

就算很仔细看，你也没有胡子呀！

阿曼迪娜，他今天一整天都不愿意戴眼镜。

今早，他在公园里玩赛跑时，有个小孩儿对他说冠军都不戴眼镜。

他一整天都在重复这句话。

我会跟他谈的。晚上过得愉快，纳迪娜。

来，麦克斯，在这儿坐两分钟。

唉，他们只戴太阳镜……

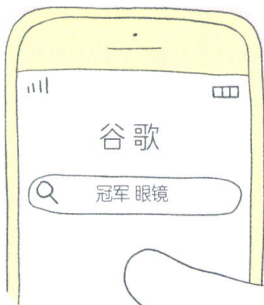

谷歌

冠军 眼镜

啊，有啦！

麦克斯宝贝，看！

你看到这个人了吗？他是澳大利亚的一位冠军，得过奥运奖牌。

他戴眼镜，而且跟你一样是白化病患者！

他知道他的冠军绰号是什么吗？

什么？

白虎！*

哇哦。

那么，我不想再听到你摘眼镜了，好吗？戴上眼镜，你会看得更清楚，跑得更快！

那次，我没跟他提起南特宁·凯塔，她是400米世界冠军，也是白化病患者，但她跑步时不戴眼镜……等两年后他开始上田径课再说吧。

* 查德·佩里斯的绰号是"白虎"。

204

巴黎市政府　　幼儿园

自由·平等·博爱

10

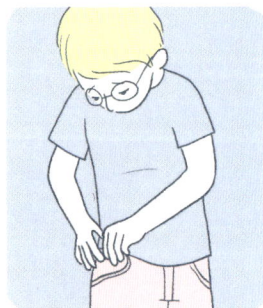

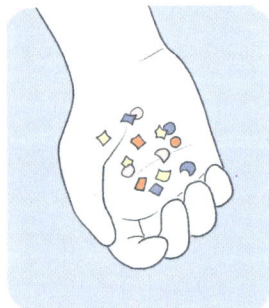

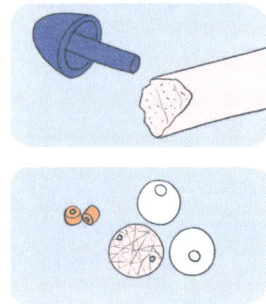

今天，老师跟我说我是个白化病患者。

糟糕。我之前在他面前跟大人聊天时，说过他是白化病患者，但我从没跟他聊过这个话题。他才三岁啊。

那你知道"白化病患者"是什么意思吗？

是指白头发的人吗？

过来看看。

在我们身体里，有一些小东西，叫作黑色素，它能帮助身体形成不同颜色的皮肤和头发。肤色深的人，体内有很多黑色素，肤色浅的人，黑色素就比较少。头发也是一样。

"白化病患者"，是指体内完全没有黑色素、无法制造黑色素的人或动物。

他们的皮肤、头发或体毛颜色都很浅，非常漂亮。

喏，你看，有些人和你一样是白化病患者。

还有老虎、马、松鼠、兔子、孔雀，甚至鳄鱼！

人类和动物有各种各样的颜色，这才有意思。如果大家都一样，那得多无聊……

我倒想成为一只白化病鳄鱼！会有超级大的牙齿！

嗷。

有没有很难过？

把酸奶吃完。

嗷。

刷牙吧！

嗷。

嗯，我觉得没有……

207

像所有小男孩儿一样，麦克斯喜欢超级英雄。

他的兴趣和服装在不断变化……

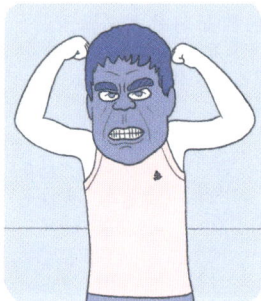

后来，有了那次相遇……

"随它吧，随它吧……"

你知道吗？我和艾莎的头发一样。

我要把头发留长，梳跟她一样的辫子！

艾莎可以用魔法冰冻所有人，甚至是绿巨人浩克！

我想给自己做套艾莎的衣服来着……

嗨，麦克斯，我有个惊喜给你！

哇哦……

嘤，我要冰冻你们！！

我可以穿着它睡觉吗？

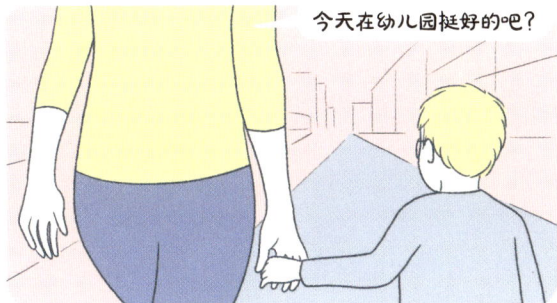

今天在幼儿园挺好的吧?

嗯,下午加餐我们吃了苹果和巧克力饼干。

真好吃!

你知道吗?我是个盲人。

什么?你为什么这么说?有人在幼儿园这么说你吗?

没有,但是我看不清楚,所以我是个盲人。

其实,看不清东西的人有很多……

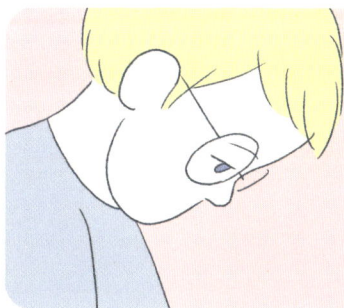

所有戴眼镜的人都看不清楚,不是只有你一个。人的眼睛里有一种很小的东西,叫作视锥细胞,它们是黑色素形成的。你没有别人看得清楚是因为白化病患者没有视锥细胞,身体无法制造这些东西。

所以,即便跟戴眼镜的人相比,你看远处的东西也很困难。

他们可以通过眼镜来矫正,但是你不能。

盲人什么都看不见,就像你闭上眼睛时一样。完全看不见。你呢,能分辨颜色,认出周围的人,还能看清距离很近的东西。

这叫作视觉障碍。你能看清一部分东西,其他的看不清楚。

视觉-障碍。

宝贝,你有视觉障碍,但不是盲人。就算看不清也没有关系,知道吗?

好的,妈妈。

区别非常大哦。

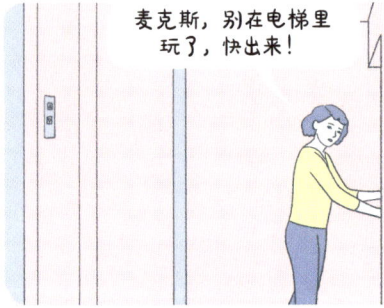

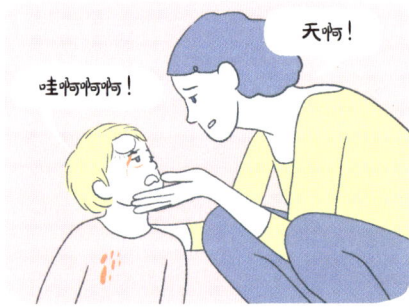

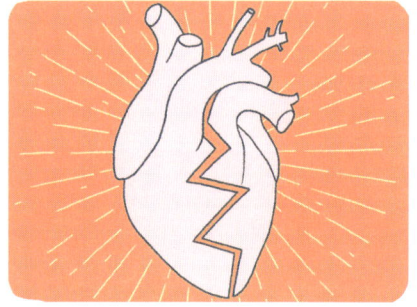

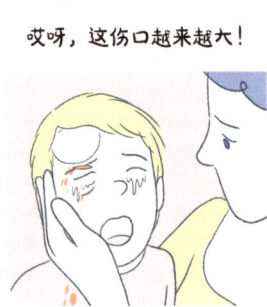

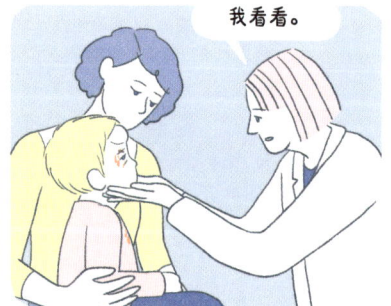

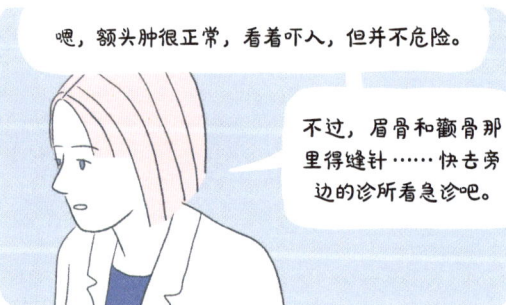

急诊

要勇敢哦，麦克斯宝贝。

妈妈答应你，出门我们就去面包店买糖果。

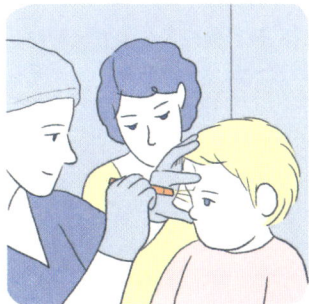

好，我们来缝合眉骨……放点儿音乐吧！

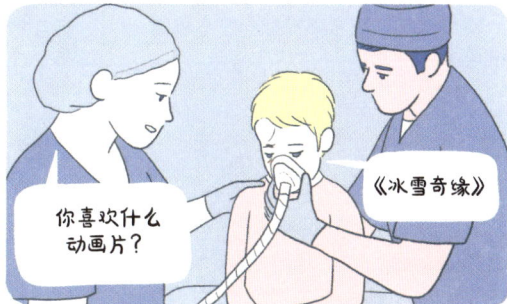

你喜欢什么动画片？

《冰雪奇缘》

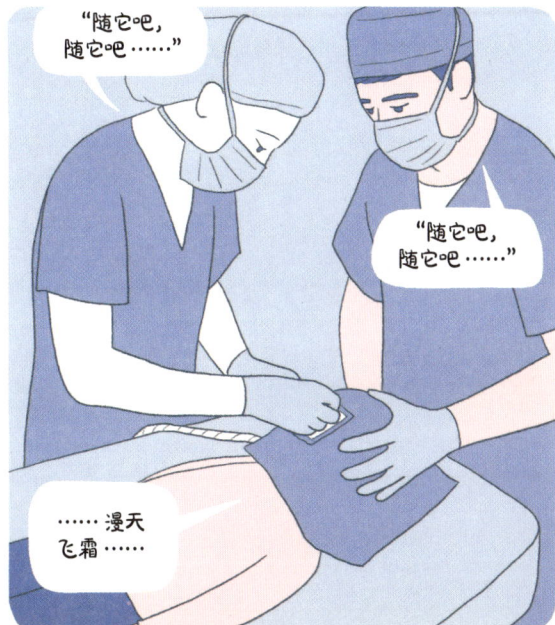

"随它吧，随它吧……"

"随它吧，随它吧……"

……漫天飞霜……

好了，您注意观察，如果他吐了或者在接下来几个小时里嗜睡，就带他回来。

拿着，这个面罩送给你做纪念，小家伙。

缝线处要避免干燥。经常涂上厚厚的药膏，这样才能保持油润，愈合得好。

你还好吗，小可爱？

还好。

你真勇敢，麦克斯宝贝。

嗯，而且我得到了整整一大包糖果，平时只有一颗。

我太走运啦！

每年涂六个月的防晒霜，一开始的时候，简直是噩梦。

他还是小宝宝的时候，我给他用的是不含化学滤光成分的有机防晒霜：这种矿物滤光剂就像小镜子一样，能反射紫外线。

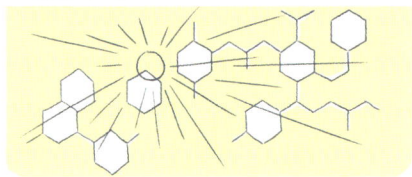

但这些防晒霜非常厚重，而且涂抹后非常白。

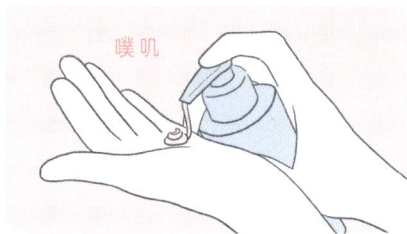

噗叽

真没想到，我竟然能把一个白化病宝宝变得更白……

而且每两个小时就得涂一次。

唉，又到时间了。

他满一岁后，我们换成了化学滤光的防晒霜，能坚持一整天（除非出汗、游泳或者擦脸）。

每天早上给他涂防晒霜，简直像在做运动一样……

第一年：按住。

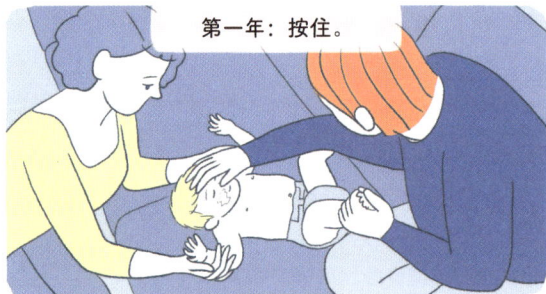

第二年：分散注意力。

第三年：继续分散注意力。

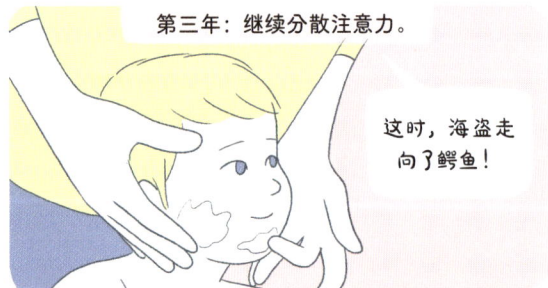

这时，海盗走向了鳄鱼！

第四年：还是分散注意力……

我们快快地涂，肯定能破纪录！计时器打开喽。

第五年：春天来了。

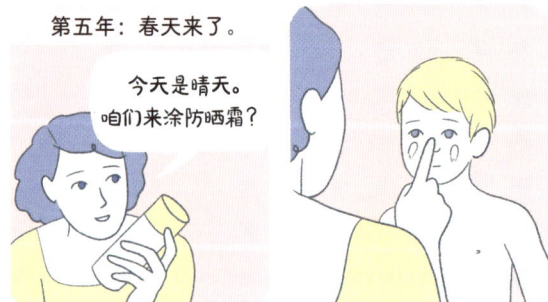

今天是晴天。咱们来涂防晒霜？

真的有奇迹存在！

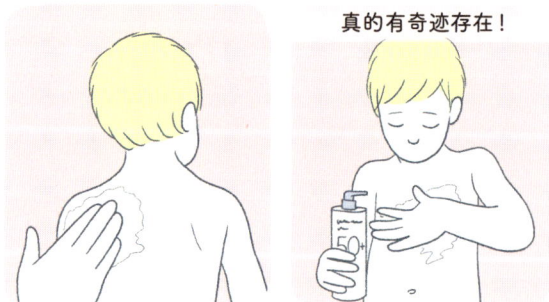

看看，你想试哪双？

不行，太大了。
等一下……

您好，请问有25码的吗？

但这是女童鞋区，女士。

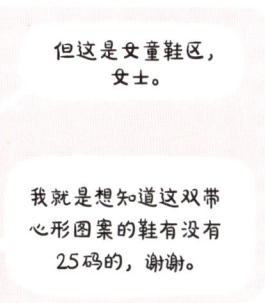

我就是想知道这双带心形图案的鞋有没有25码的，谢谢。

好啦，完美！

你喜欢吗？你知道，我们不用在意她说的话。

女童区还是男童区都无所谓，只要你喜欢就好，你想要哪双就选哪双。

买这双！我穿在脚上不脱了！

脚没疼吧？

今天在幼儿园过得好不好？

呃，你知道吗？萨拉说我穿了一双女生的靴子。西蒙也是，他也取笑我……

你已经不喜欢这双靴子了吗？

喜欢。我告诉他们，心形图案不仅仅是给女孩子的。心心，代表着孩子们对父母的爱……

这样，我在学校的时候，就能一直想着你们了。

哦，我的小可爱，这也太贴心了吧！

然后，米拉说，这双靴子真好看，她也想要一样的！

# 10
# 没事儿

Tout va bien

光线还是挺强的。

你确定只戴帽子不戴太阳镜吗？

不用，没事儿。

你不想换平板电脑看吗？

现在你看不到整个屏幕……

没事儿。

麦克斯？我在这儿！

你想让我离喷泉近点儿吗？这样你就能看见我。

不，不用，没事儿。

好了，我们已经在房子里转了一圈，你当心露台前面的台阶，好吗？

我两个小时后回来。

还是你想让我留下来？

你走吧，没事儿。

好的，"没事儿"先生。一会儿见！

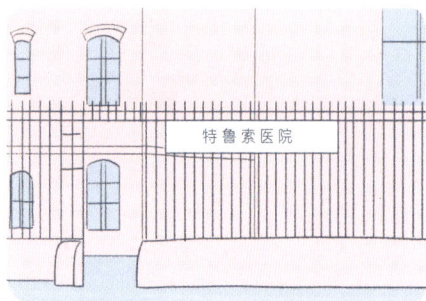

麦克斯？

麦克斯，你上几年级了？

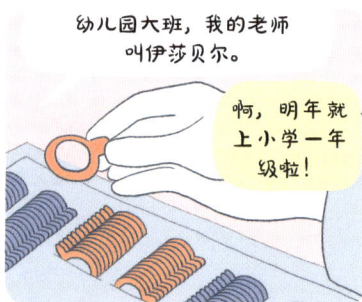
幼儿园大班，我的老师叫伊莎贝尔。

啊，明年就上小学一年级啦！

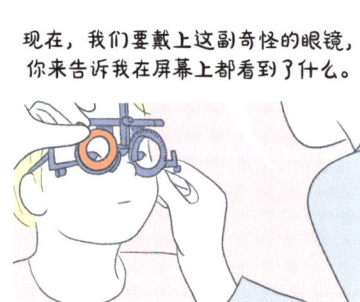
现在，我们要戴上这副奇怪的眼镜，你来告诉我在屏幕上都看到了什么。

开始！

一……朵花？

一辆车！

一座房子？

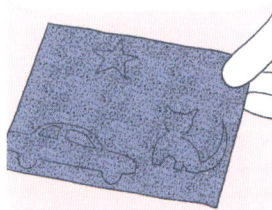
好，现在，看这张小卡片，告诉我你看见了什么。

有没有在某个地方看见星星？

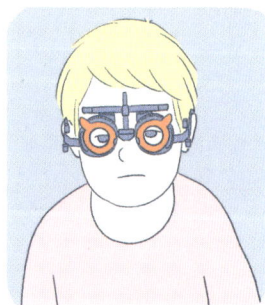

没关系，我们继续。

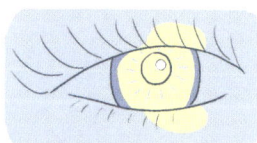

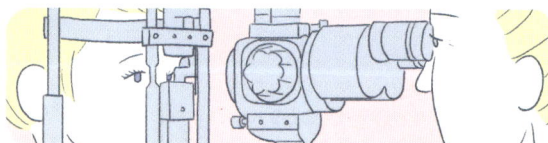

麦克斯佩戴眼镜后的视力是0.16。

由于低于0.2了，您可以向SIAM（盲童与视障儿童融入系统）提交个申请，让麦克斯在学校获得帮助。

申请这项服务，得重新向省级残疾人之家递交材料，并同时直接向SIAM提出申请。

马上办，因为有等候名单。这样，明年开学时就能安排好了。

在班里会有人陪着他吗？

不一定，但他们可以提供放大的教材复印件等材料，会见老师给出建议，为麦克斯进行心理跟踪辅导，等等。

他们会直接去学校的。等以后上中学了，麦克斯可以使用电脑、放大镜，那样上课就更方便了……

只是，相对于其他孩子，专注用眼一整天后，晚上会更累。我们的目标是通过这些支持和帮助，减轻他的疲劳感，让他能够集中精力学习。

是的，我已经发现过这种情况了。有些天，他从幼儿园回来后，眼睛扫视得厉害。

他状态好的时候，能够固定眼球，但只要一累，症状立马就出现了。

是吧，麦克斯宝贝？

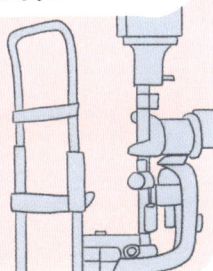

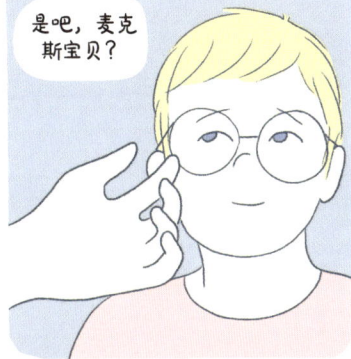

好，我给您开处方，配新眼镜和矫正性太阳镜用的。

他的视力比上次下降了，但很多小孩会在检查时为了让大人高兴而过分用力，这样会影响结果。

咱们明年见，麦克斯！

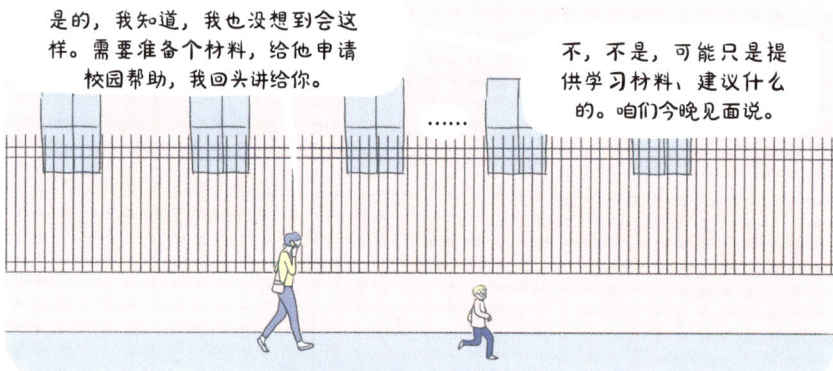

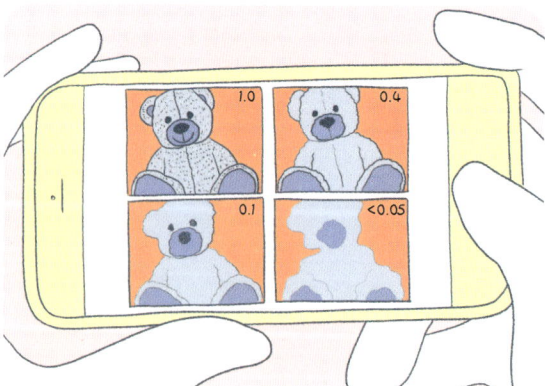

回家路上，我一直努力猜想着麦克斯能在周围看到些什么。

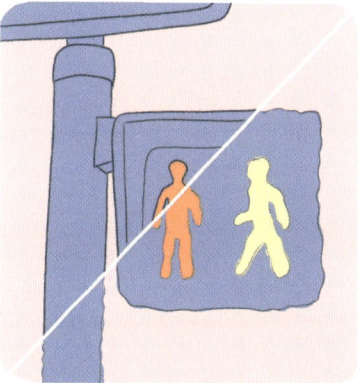

等饭做好，你就过来吃。

然后，我们去选新眼镜。

选大孩子戴的眼镜。

选你喜欢的眼镜。

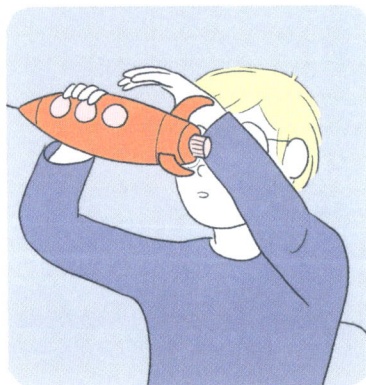

你能给我画一下天文符号吗？

嗯，我只会画一部分……

首先，最简单的，是月亮。

太阳……

地球……
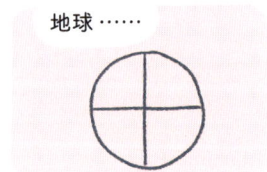

星体……

彗星。
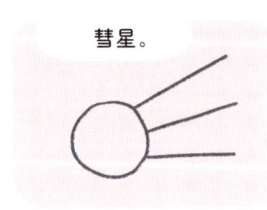

看起来像眼睛！

是啊。还有跟你一样的长睫毛！

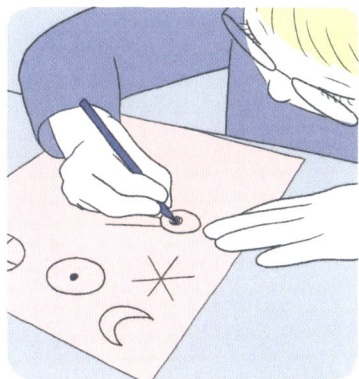

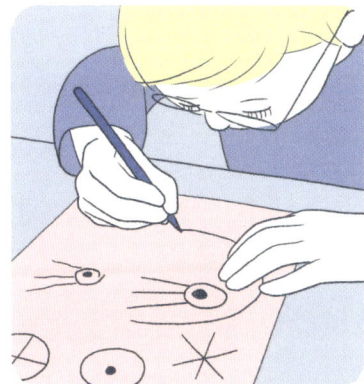

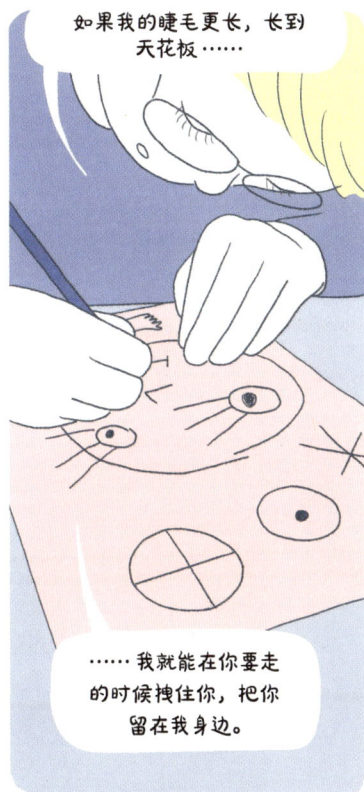

如果我的睫毛更长，长到天花板……

……我就能在你要走的时候拽住你，把你留在我身边。

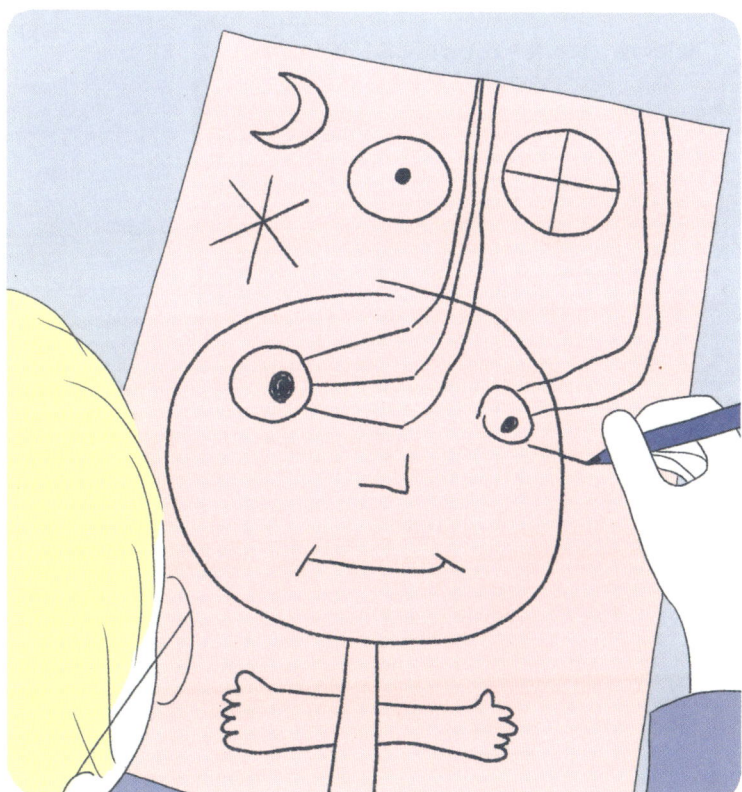

陨石和彗星差不多，对吧？

不，陨石只是一些掉到地球上的石块，简单得很。

彗星是一种小天体，有冰核。

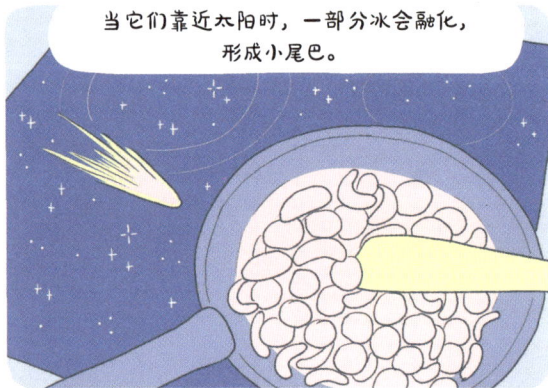

当它们靠近太阳时，一部分冰会融化，形成小尾巴。

很久以前，在人类和恐龙出现之前，当地球刚刚诞生、无比干燥时，好多颗彗星落到了上面。

它们冰核里的冰融化后，变成了地球上的水。

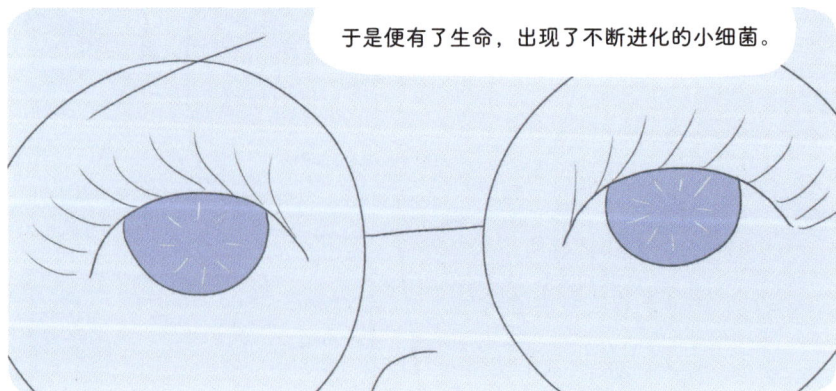

于是便有了生命，出现了不断进化的小细菌。

然后也有了恐龙！

是的，完全正确。

地球上的水永远不会消失……

……它们合进入云层，然后再回到海洋……

……所以，我们现在的水，也是恐龙曾经喝的水。

而你身体里的水，正是那些彗星里的水！

哇哦。

咱们把它跟别的画放在一起？

好啦，把火箭收起来，准备吃饭。

恐龙的水真好喝。

晚上好。

晚上好，麦克斯在图书角。

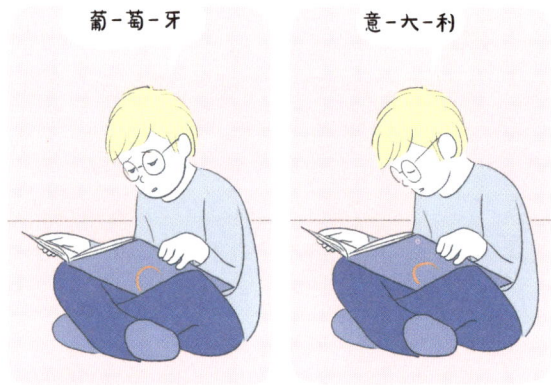

葡-萄-牙

意-大-利

麦克斯？你识字了？

妈妈！

是呀，我在看所有的国家。

我都不知道你已经识字了……太惊喜啦！你还没上小学呢。

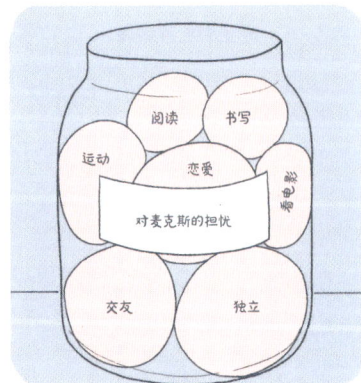

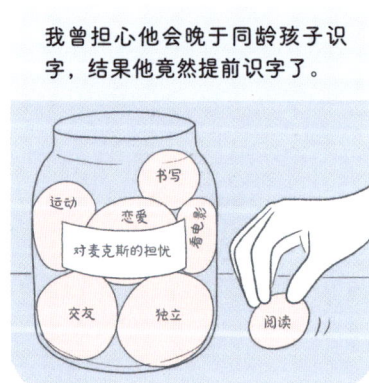

我曾担心他会晚于同龄孩子识字，结果他竟然提前识字了。

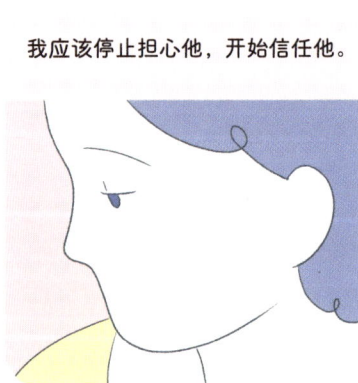

我应该停止担心他，开始信任他。

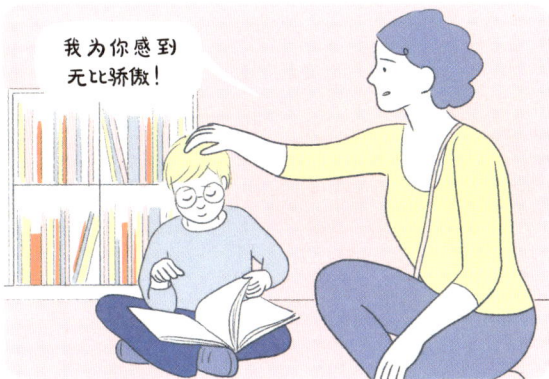

我为你感到无比骄傲!

特别好。这样一来，上小学一年级时，你就可以专心练习写字了。

他识字了!

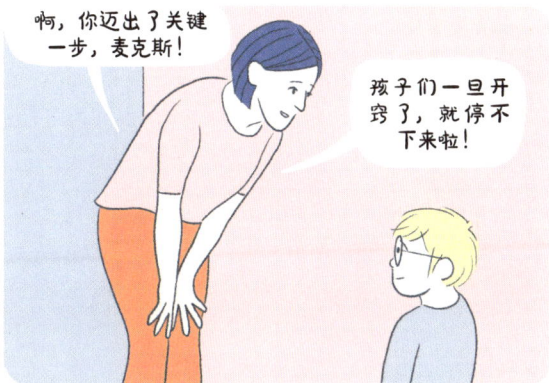

啊，你迈出了关键一步，麦克斯!

孩子们一旦开窍了，就停不下来啦!

你知道吗？咱们要去书店买些初级读物。

一些你可以自己读的书，就像大人一样!

买完书后，还要停下来买冰激凌吃!得庆祝一下。

哦耶!

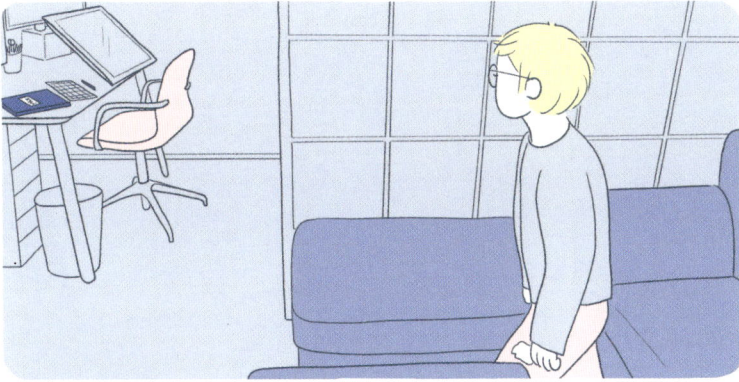

这画的是我吗？

对。我在练习画你，你喜欢吗？

来，拿过来，咱们一起看看。

哦！好小啊……

是的，你出生的时候，特别小，像只小虾一样。

这个是什么？

我生孩子住院时，他们给我在这儿放了根小管子。

这样一来，如果我感到不舒服了，医生可以通过管子给我送药。

不过，一切都很顺利，所以没用上。

但我留下了一个小疤痕。

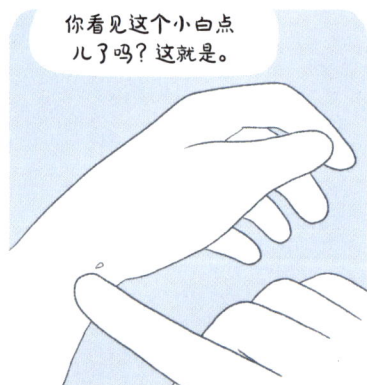

你看见这个小白点儿了吗？这就是。

我是从你的小妹妹里出来的吗？

大多数婴儿都是从那里出来的。

但你不想跟别人一样……

当医生来检查你是不是快从我的肚子里出来时，你居然抓住了他的手指！

于是，他们不得不在我的肚子上切开一个口，把你从那里取出来。

只是一道小切口，因为婴儿很小，之后医生又把它给缝上了。

啊？

你想看看疤痕吗？

想。

看，这道小印痕，你就是从这儿出来的。

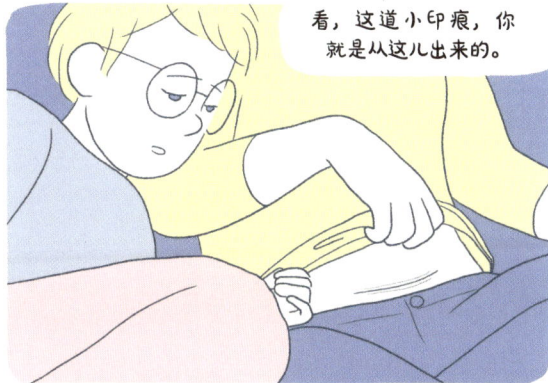

疼吗？

是的，那时很疼。而且很难熬、很累。做妈妈可不容易。

不过，现在已经好了。

我超级爱你，我很高兴有你。

你知道吗，这画特别好看！

我画的是你，麦克斯宝贝。特别好看的是你。

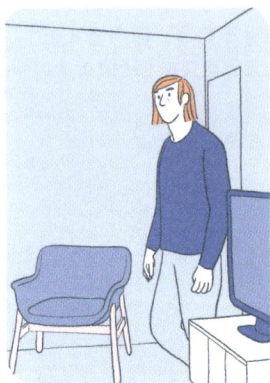

好了，他睡着了。

你想看个电影吗？

好吧。

你知道吗，我想做一本关于麦克斯的漫画。

其实也不是关于他的，而是关于白化病、新手妈妈之类的话题……

你现在都没空做自己想做的事，还打算搞这个？

是的，我知道，但我真的很想做。

我需要做。

所有这些事情，我真希望有人能在我哭得一塌糊涂，不知道如何喂奶，也弄不清发生了什么之前告诉我。

女人们得把这些事情讲出来了。

那就是一部面向大人的漫画书。

也就是说，总有一天，他会看到这本书……

你得好好想想要放进去哪些内容。

等到那时，我会和他谈的。我会解释给他听。

那你怀孕前开始做的那本一直没有完成的书呢？

唉……那书现在已经不太适合我了。

233

即便他身体有缺陷，我们仍尽可能地让
他像其他孩子一样，尝试所有事情。

跟学校去看戏剧表演时，即使坐在前排，他也看不到太多东西……

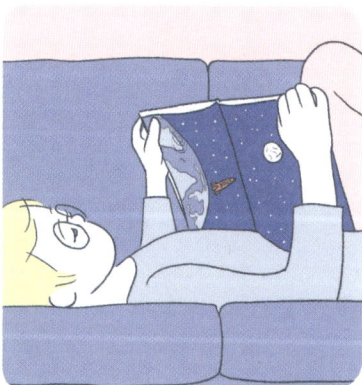

他也像白虎一样练田径。

白色跑道线和地面之间的鲜明对比，对他来说再合适不过了。

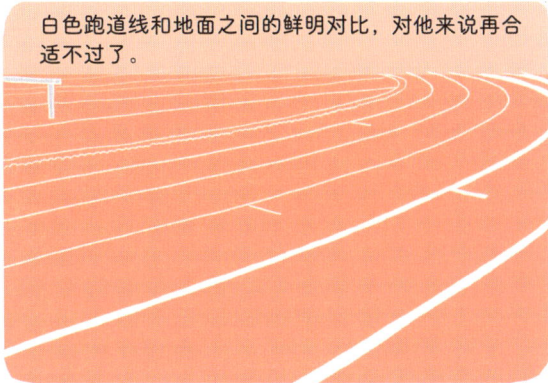

做跳高或投掷运动，反正没有太大风险。

呃，球类游戏就不太适合他了……

接球！

我们还没有告诉他，他永远无法开车，而且有些职业他无法从事。以后他会慢慢明白的。

话说回来，又有多少孩子能真正实现儿时当宇航员或飞行员的梦想呢？

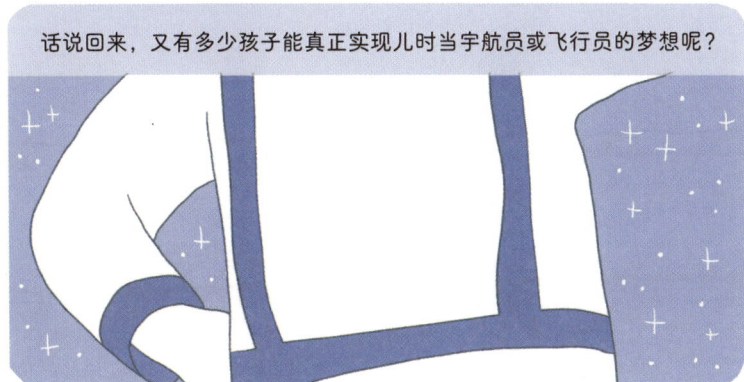

我们不设限。他逐一尝试，我们再看情况。

235

妈妈！

我们收到了小学一年级的报名材料。

哇哦，麦克斯宝贝，你要上大孩子的学校啦！

真棒！

236

我们得去见见老师，带麦克斯参观学校，让他不至于在开学那天迷路……还有，他们不像在幼儿园时有助教了，小学老师没有助理。

我不知道课间休息时谁来负责帮他戴太阳镜和帽子。还有防晒霜的事，也得问问他们。

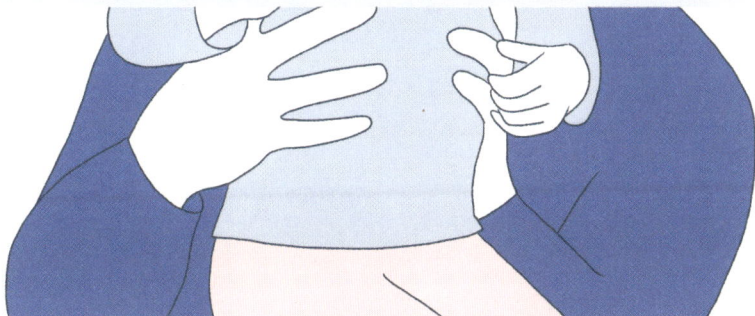

还得把教材拿回来，做成适合他阅读的版本……

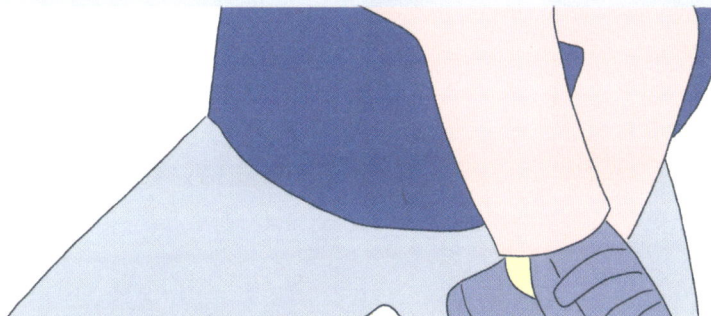

好吧，实际上，我永远都无法停止担心他。每个阶段都会有新的疑虑。

麦克斯宝贝，你涂防晒霜了吗？

妈妈！

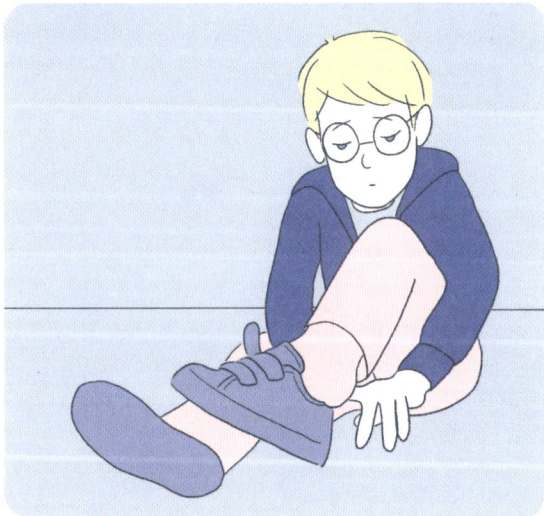
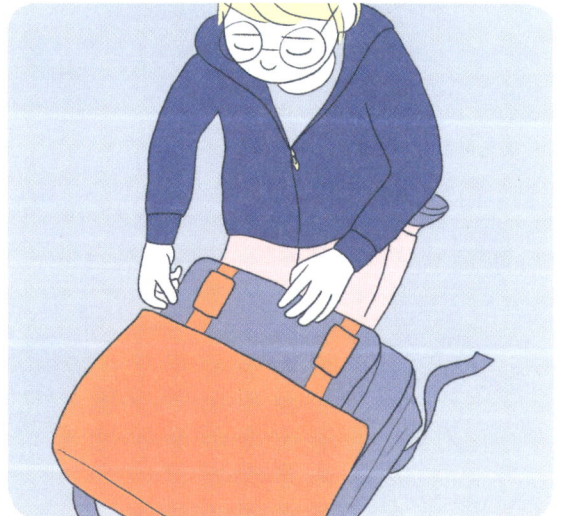

准备好上大孩子的学校了吗？

准备好啦！

那咱们出发吧！

天啊，都上一年级了。

是呀，还真不习惯！

我谁也不认识。

别担心，你可是个话匣子，还那么会讲笑话！

等会儿我们来接你时，你肯定已经交到好多新朋友啦！

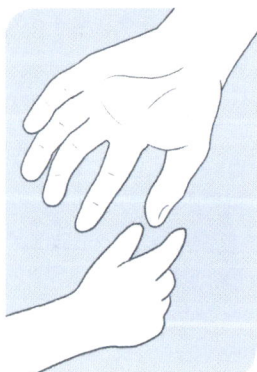

完

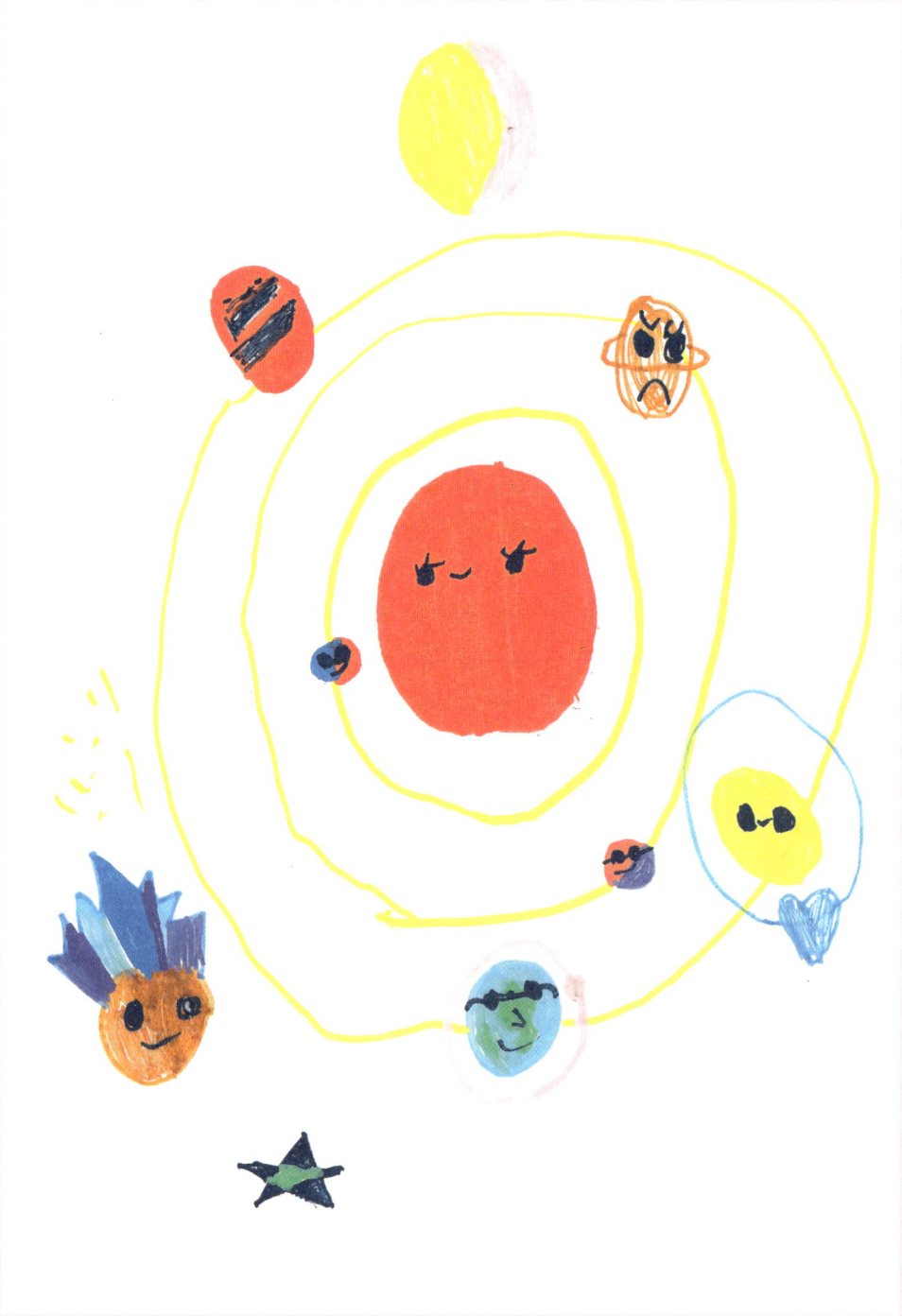

# 面向新手妈妈的一些资源

## 产后

书籍：
· 《这就是我们的产后生活：打破神话与禁忌，解放自我》，作者 Illana Weizman

· 《黄金月》，作者 Céline Chadelat 和 Marie Mahé-Poulin

· 《产后三个月：自然恢复》，作者 Julia Simon

· 《美好的事》，作者 Éliette Abécassis

漫画：
· 《替代者》，作者 Mathou Adriansen 和 Sophie Adriansen

英文漫画：
· 《亲爱的斯嘉丽：我的产后抑郁经历》，作者 Teresa Wong

· 《去睡吧，我想你》，作者 Lucy Knisley

Instagram 账号：
· 话题标签：#monpostpartum

· @postpartum_tamere - @lepostpartum - @mal_de_meres - @monpostpartum

· @illanaweizman - @lequatriemetrimestre - @maman.memes

## 母婴

书籍：
· 《宝宝》，作者 Marie Darrieussecq

漫画：
· 《漫话生产-第一册：发现你的超能力！》，作者 Lucile Gomez

· 《九个月与你》，作者 Lucy Knisley

· 《妈妈们》，作者 Lili Sohn

Instagram 账号：
· @bordel.de.meres - @lamatrescence - @bliss.stories - @letourbillonpodcast - @association.maman.blues

电视系列剧：
· 《丧气老妈》(*The Let Down*)

· 《上班族妈妈》(*Workin' moms*)

· Netflix 系列纪录片《生命的起点》(*The Beginning Of Life*)

## 女性主义

书籍：
· Mona Chollet 的所有书籍

· 《儿子，你将成为一个女性主义者！写给自由幸福的男孩的反性别歧视教育手册》，作者 Aurélia Blanc

漫画：
· Liv Strömquist 的所有漫画

· 《艺术家的生活》，作者 Catherine Ocelot

· 《理想标准》，作者 Aude Picault

· Julie Delporte 的所有漫画

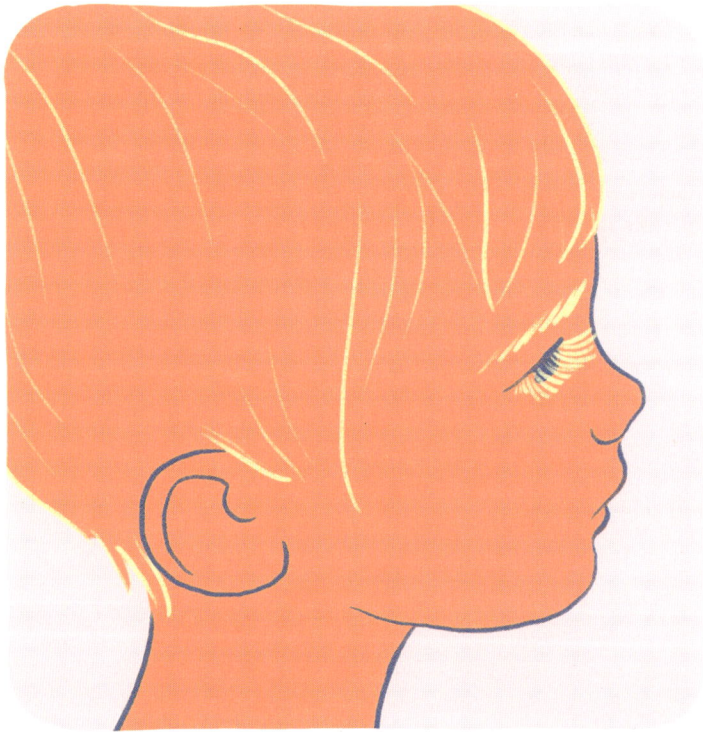

# 白化病是什么？

L'albinisme, c'est quoi ?

# 什么是白化病？

白化病是一种罕见的遗传病。白化病患者的机体无法正常合成给皮肤、眼睛、体毛和头发上色的色素——黑色素。

白化病主要有两大类：
· 眼皮肤白化病，会影响皮肤、头发和眼睛。
· 眼白化病，只影响眼睛。

大多数白化病患者会在一周岁前被确诊，有些是通过明显异常的肤色被发现，有些是儿科医生或眼科医生观察到患儿（10周左右）眼球运动后诊断出来的。

某些患者的其他器官或机能也会受到影响，如血小板、肺部和肠道，约有7%的病例会出现这些问题；我们把它们称为综合征型白化病。为了能尽早诊断出白化病的类型，我们鼓励患者家庭进行基因测试。

白化病患者的眼睛通常是蓝色或灰色的（而不是红色）。

白化病存在于全球大部分国家，不受种族限制。

一些数字

在法国，各类型的白化病患者共计6000到12000名。

每年约有80到160个白化病患儿出生。然而，至少有2%的人口携带突变基因，也就是说，约有120万人是白化病基因携带者。

# 白化病动物

白化病不仅波及包括人类在内的哺乳动物，还涉及鸟类、鱼类、两栖动物和爬行动物。

白化病动物的身体通常呈白色，眼睛呈红色、粉色或非常浅的颜色（因为眼睛下方的血管颜色透过眼睛可见）。

此外，有些树木也患有白化病，比如加利福尼亚的白色巨杉。

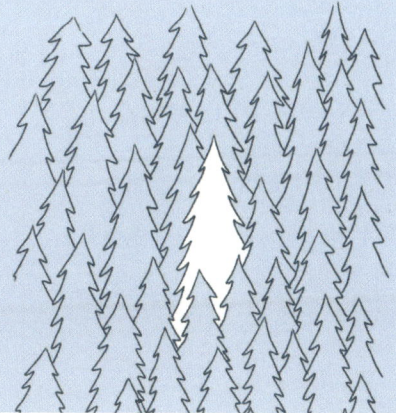

# 白化病是如何遗传的？

白化病是一种遗传性疾病，是由携带白化病突变基因的父母传递给子女的。

人体的各个部分由细胞组成。在每个细胞中，都有来自父母的基因。非白化病患者的细胞能够生成黑色素，而白化病患者的细胞却无法合成黑色素。

每个基因都有两个拷贝，一个来自母亲，另一个来自父亲。如果其中一个出现异常，另一个就会代替它，确保细胞能够正常运作。

携带白化病基因的父母，都拥有一个"突变"的、无法正常工作的色素基因。

如果两个色素正常的父母均携带并传递了突变基因，他们则会生下一个白化病患儿。在同一个家庭中，也可能存在不患白化病但携带突变基因的孩子，以及完全不携带突变基因的孩子。

如果白化病患者的伴侣拥有正常的色素基因并将其传递给孩子，那么他们的孩子将是健康的。

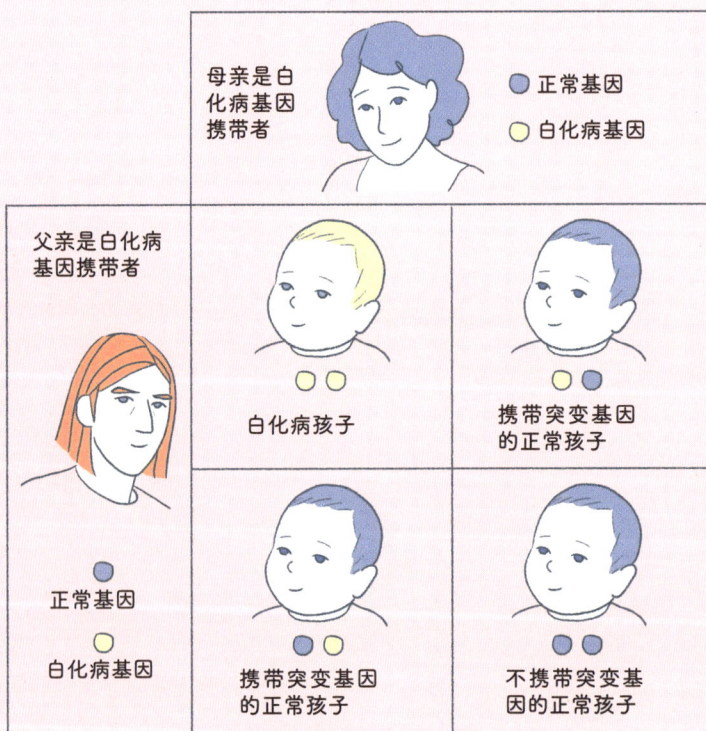

母亲是白化病基因携带者

● 正常基因
○ 白化病基因

父亲是白化病基因携带者

● 正常基因
○ 白化病基因

白化病孩子

携带突变基因的正常孩子

携带突变基因的正常孩子

不携带突变基因的正常孩子

# 皮肤和头发

白化病患者的皮肤完全是白色的，因为他们的皮肤无法产生黑色素（通常情况下，黑色素可以使皮肤变黑，从而保护皮肤免受阳光伤害）。

白化病患者甚至连痣也是白色的（或略带粉红色）。

由于黑色素的缺失，白化病患者的皮肤对紫外线极为敏感，晒伤的风险较高，并且日后发展为皮肤癌的概率远高于常人。

因此，他们必须时刻保护自己免受阳光照射，在紫外线强烈时（在法国，大约是一年中的一半时间）涂抹防晒霜，并优先选择遮盖皮肤的衣物、采取夏天戴帽子等防护措施。

由于完全缺乏黑色素，白化病患者的体毛和头发通常是白色的。美发师通过"漂白"去除正常头发中的天然色素后，可以得到白化病患者的发色。

有些白化病患者的头发花白，有些则是浅金色，甚至略带红棕色。

眼白化病患者只有眼睛缺乏黑色素，皮肤和头发的颜色往往是正常的。

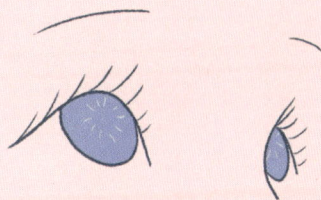

# 眼睛

所有白化病患者都有视觉障碍。

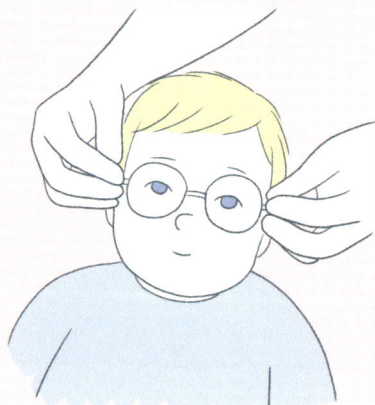

他们的远视能力非常差，近距离看物体时需要靠得非常近才能看清细节。大多数白化病患者需要佩戴眼镜，但这并不能显著改善他们的视力。眼镜只能稍微改善近视（通过矫正近视、散光或远视等问题），但无法改变远视力。

在青少年时期，佩戴隐形眼镜可能会稍微改善远视力，因为隐形眼镜可以直接"贴"在眼睛上进行矫正。

导致白化病患者远视力低下的主要原因包括：视网膜发育不良、视神经交叉处异常，以及眼球和虹膜中缺乏色素（即黑色素）。白化病患者佩戴眼镜后，视力通常介于0.04到0.4之间。

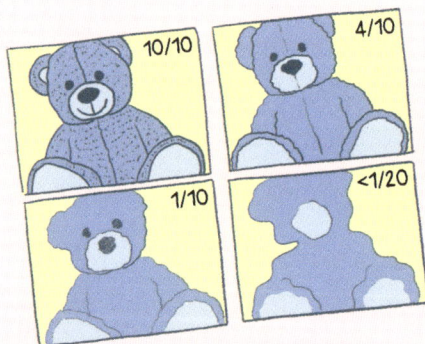

此外，许多白化病患者缺乏立体视觉（即三维视力），有些人甚至可能患有斜视。

尽管视力很差，但他们对颜色和色调的感知是正常的。

# 眼震和畏光

白化病患者除了视力低下外，还常伴有眼球震颤和畏光症状。

眼球震颤是一种不自主的、水平往返摆动的眼球运动，具有节律性、快速性和跳跃性。其摆动速度因人而异。

部分白化病患者可以通过集中注意力来暂时固定眼球，但一旦放松或疲劳，眼震便会重新出现。

为了更清楚地看到物体，患者可能会采取偏头的方式来缓解视物不适，但长期如此可能引发斜颈。通过眼部手术固定"阻滞点"，可以有效避免这些不适的姿势。

畏光是由强光引发的持续性目眩，其程度因人而异，轻重不一。

在色素正常的人群中，光线仅通过瞳孔进入眼内，瞳孔能随周围光线的变化自动扩张或收缩，以此调节进入眼睛的光线量。然而，白化病患者的眼白和虹膜中几乎完全缺乏色素，导致他们的眼睛无法自然调节进入的光线量。

试想一下投影仪持续投射出的强光，或是在阳光灿烂的夏日刚步出电影院时的刺目感觉：这就是白化病患者的日常体验。

# 白化病儿童的日常生活

照护白化病婴儿时，需特别注意保护他们的皮肤和眼睛免受阳光直射，并随时关注光线强度。

随着孩子们的成长，他们会逐渐发展出适应性策略，通过观察步态、身形、衣物颜色等来识别周围的人，并能够在熟悉的环境中自如行走。

他们通常拥有出色的记忆力，能够迅速"绘制"周围环境的"地图"。然而，家长仍需保持警觉，留意潜在的障碍物，因为视物不清的孩子往往比其他孩子更容易绊倒或撞到物体（例如判断距离时遇到困难等）。

他们的视力问题由眼科医生进行跟踪治疗，同时，运动心理学的辅导有助于他们更好地行走、适应环境，并管理自己的身体和周围环境。某些机构（如巴黎的盲童与视障儿童融入系统）提供眼科、运动心理学和心理学的综合跟踪服务，并根据孩子日常需求与学校工作人员保持沟通。

根据视力情况，部分白化病儿童可以按常规方式上课，但需要对学习用具进行调整，如字体放大的课堂资料、宽行间距的练习本、特制课桌、记笔记的电脑、放大镜等。此外，在考试时，他们将享有额外的时间。

对于视力更差的孩子，可以安排专人在课堂上提供帮助，确保他们能够跟上教学进度。还有一些孩子可能就读于特殊班级或视障学校。

# 成年白化病患者的日常生活

成年白化病患者完全可以拥有独立的生活，并从事各种职业。如今，计算机软件可以调整文字大小或对比度，企业也能为员工提供残障适配设备（如特制办公桌、特定光线、适配电脑、放大镜等）。

然而，他们不可以开车。根据法律规定，矫正视力低于0.5的人不能申请驾照（尽管许多视力正常的人也没有驾照）。

除了需要驾驶机动车或在阳光下工作的职业外，白化病患者可以从事他们喜欢或热爱的任何工作。

## 歧视

2014年，联合国大会宣布每年的6月13日为"国际白化病宣传日"，旨在提高人们对白化病的认识，改善全球尤其是非洲地区白化病患者的境遇（许多白化病患者仍在遭受偏见、侮辱和攻击）。每年的这一天，媒体都会对白化病进行一定的报道。

除了这些极端情况外，白化病患者从儿童时期就常常受到嘲笑，因此，他们的自尊心需要从小培养，以便帮助他们更好地接受和适应身体上的障碍。

关于这些问题，虽然社会在（非常缓慢地）进步，但改变这一现状是我们每个人的责任。我们不仅要给予白化病患者应有的尊重，更要让他们成为社会中"正常"的一员。

如果小说或影视作品的创作者能不再为了省事而将反派角色塑造成白化病患者的形象，那将是一个很好的开始！

# 一些著名的白化病患者

凯利·加拉格尔（Kelly Gallagher）：2014年冬季残奥会高山滑雪金牌获得者

南特宁·凯塔（Nantenin Keïta）：200米和400米世界冠军，2008年夏季残奥会双料奖牌获得者

萨利夫·凯塔（Salif Keïta）：马里音乐家（南特宁·凯塔的父亲）

肖恩·罗斯（Shaun Ross）：模特

埃德加·温特（Edgar Winter）：布鲁斯键盘手和萨克斯演奏家，及其弟弟约翰尼·温特（Johnny Winter），布鲁斯吉他大师

伊克蓬沃萨·埃罗（Ikponwosa Ero）：尼日利亚律师

邱康妮（Connie Chiu）：模特

查德·佩里斯（Chad Perris）："白虎"，田径冠军

日本清宁天皇：据说"天生白发"

# 译后记
## 在光与痛之间，看见一位母亲与孩子的成长

第一次拿到这本图像小说时，我几乎是一口气读完的。不是因为它轻松，相反，是因为它真实得令人不忍释卷。作者以极其坦率的笔触，讲述了自己成为母亲之后的生活——产后的身体崩溃、精神的低谷、孤独与无力，以及随之而来的自我迷失与质疑。这是一段许多母亲都会经历却极少被公开书写的旅程。

作品不回避母职的重量，也不将"成为母亲"浪漫化。它诚实地承认，对一个刚刚诞下生命的女性而言，母爱并不总是自然而然地流淌，身体与心理的崩溃往往并行不悖，而恢复也从来不是一蹴而就。这种坦率，是一种深刻的女性主义表达，它让女性主体性的经验被看见，让"母亲"这一身份被重新定义：不再是牺牲、奉献的代名词，而是一个需要被支持、被关怀、被理解的生命状态。

正因为这本书的坦率与诚实，作为一位拥有相似产后经历的母亲，我在翻译过程中一次次被文字击中、被画面触动。我已记不清自己曾多少次热泪盈眶——不是因为悲伤，而是出于共情，是在另一个人的讲述中，看见了曾经的自己。能有幸翻译这样一部作品，对我而言，不只是一种语言的转换，更像是一场温柔的疗愈：当我试图理解作者笔下的情感时，也在重新理解自己；当我为她将痛苦与希望转化为另一种语言时，仿佛也替自己找到了出口。

进入作品的后半部分，麦克斯的故事真正展开。当父母发现他患有白化病时，那最初的震惊、焦虑与困惑令人揪心。但更令人动容的是他们如何在现实的重量中一步步学会接纳，并重新理解"正常"与"成长"的含义。他们陪他玩耍、"不设限"地带他去尝试一切，用帽子、太阳镜和防晒霜为他编织出一层层柔软却坚固的防护。更重要的是，他们用爱与尊重，为他创造出一个可

以自在呼吸、自由生长的空间。

在这个过程中，母亲的角色也在悄然变化：从最初的崩溃无助，到逐渐以创造力回应现实的挑战。这种变化并非于一夜之间发生，而是在无数个日常、一次次妥协与坚持中慢慢积累而成的力量。她没有突然变得无所不能，而在一次次尝试与失败中，渐渐学会了怎样与现实合作，也慢慢懂得了如何与自己和解。

这些转变，透过图像与文字的交织，被细腻而真实地呈现出来。在这部作品中，情绪不再只是语言的内容，它有了色彩，有了节奏，有了凝视的角度。一幅画面中的沉默，一个表情中的闪烁，一个背景色调的转变，往往胜过万语千言。在翻译文字的同时，我也反复提醒自己留心那些"无声"的部分，尽量不去打扰画面所传递出的细微感受，只在必要之处，以最忠诚的方式找到最合适的中文表达。

另外，图像小说这种媒介，也为"疾病"与"差异"的叙述打开了新的可能。麦克斯与其他孩子"看上去不一样"的身体，被镜头温柔地、耐心地描绘着 —— 那不是异化的凝视，也不是充满悲情的标签，而是一种被看见的权利。他的世界里有光、有阴影、有奔跑、有笑声。他不是等待被救助的弱者，而是一个鲜活而灵动的孩子。这种叙述方式本身，就是一种深深的尊重。

值得一提的是，在正文结束之后，作者还专门为新手妈妈提供了关于产后恢复与心理支持的推荐资源；同时，她也详尽介绍了白化病的相关医学知识与社会资源，涉及图书、网站、机构等。在那部分内容中有这样一句话，令我印象深刻："社会在（非常缓慢地）进步，但改变这一现状是我们每个人的责任。"的确，消除对白化病患者的偏见，需要我们每一个人的参与和努力。我们不仅要给予他们应有的尊重，更应在生活中落实对"不同"的包容与接纳。这不仅是对白化病患者的关怀，也是对所有"差异"个体的理解与支持。每一个人都有权在这个世界上找到属于自己的位置，而社会以及我们，都有责任为他们提供这份空间。

作为译者，我希望自己的译文能够尽可能地保留原作"不可简化的复杂性" —— 既不回避产后的混乱与痛苦，也不美化育儿的无奈与辛劳；既呈现一个孩子的"不同"，也传递出一个家庭如何以真实、温柔而坚定的方式去回应这些"不同"。翻译的过程，是一场对词语、对情绪、对边界的不断试探与靠近。我始终相信，唯有带着体温与经验的文字，才有力量抵达另一个灵魂。

如果你在阅读这本书的过程中，也曾感到一丝熟悉的震颤，流下一滴共情的泪水，那么我相信，这些由爱与勇气构筑的文字与图像，已然穿越了语言的界限，抵达了你。

我常常想起故事的最后一页 —— 小学开学的第一天，麦克斯站在学校的楼梯上，回过头，露出一个灿烂的笑容。那一刻，他不仅是在对父母微笑，也是在对每一位读者、每一个努力从困境中寻找光亮的人微笑。那是一个孩子的笑，更是一种穿越黑暗后的勇敢，一种真切的温暖，一种无声的安慰与鼓励。

也许，正是在这样的微笑中，我们才能真正明白：所谓成长，并不是远离脆弱，而是在脆弱中生出信心；所谓爱，也不仅是保护，更是信任 —— 相信孩子终将拥有属于他自己的世界，属于他自己的光。

最后，谨在此感谢黄琰老师在我翻译旅程中给予的陪伴、理解与支持，让这部闪着光的作品得以温柔而真实地与中文读者相遇。

亲爱的读者，愿你，也被麦克斯的光照亮。愿你无论身处怎样的境地，都能在某一刻回过头来，笑一笑。

译者 曹杨

2025年4月

**图书在版编目（CIP）数据**

一颗彗星撞击了我的生命 / （法）奥蕾莉·柯洛普著 ；
曹杨译. -- 南京 ： 江苏凤凰文艺出版社，2025. 9.

ISBN 978-7-5594-9904-2

Ⅰ. I565.45

中国国家版本馆CIP数据核字第2025ZB6229号

著作权合同登记号　图字：10-2025-179

# 一颗彗星撞击了我的生命

［法］奥蕾莉·柯洛普　著　曹杨　译

责任编辑　项雷达

图书监制　刘　平

策划编辑　黄　琰

封面设计　之淇 @ 山川制本 workshop

版式设计　董茹嘉

责任印制　杨　丹

出版发行　江苏凤凰文艺出版社

　　　　　南京市中央路 165 号，邮编：210009

网　　址　http://www.jswenyi.com

印　　刷　北京中科印刷有限公司

开　　本　787 毫米 × 1092 毫米　1/16

印　　张　17

字　　数　163 千字

版　　次　2025 年 9 月第 1 版

印　　次　2025 年 9 月第 1 次印刷

书　　号　ISBN 978-7-5594-9904-2

定　　价　88.00 元

江苏凤凰文艺版图书凡印刷、装订错误，可向出版社调换，联系电话025-83280257